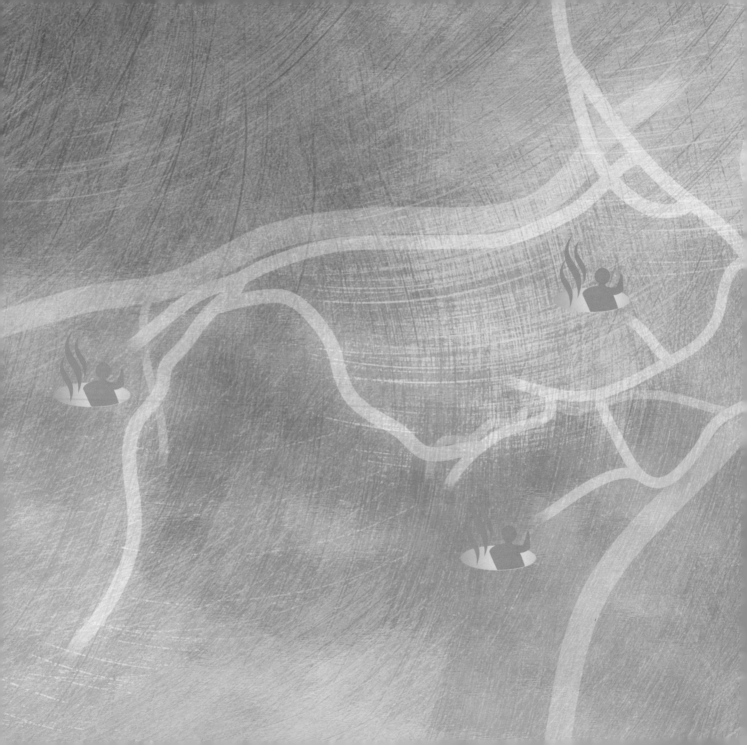

魅力 野溪溫泉大發見

文字、攝影：李麗文

目錄

北部野溪溫泉

13 八煙溫泉：台北縣

37 嘎拉賀溫泉：桃園縣

55 秀巒溫泉：新竹縣

23 焿子坪溫泉：台北縣

47 四稜溫泉：桃園縣

65 小錦屏溫泉：新竹縣

29 烏來溫泉：台北縣

中部野溪溫泉

73 谷關溫泉：台中縣

97 紅香溫泉：南投縣

81 太魯灣溫泉：南投縣

105 瑞岩溫泉：南投縣

89 精英溫泉：南投縣

東部野溪溫泉

111 梵梵溫泉：宜蘭縣

119 文山溫泉：花蓮縣

129 紅葉溫泉：台東縣

序文

文字・攝影 / 李麗文

　　常有人說台灣真是個寶島，這句話一點也不為過！走訪過台灣大大小小各地，最愛的就是高山峻嶺、綠林溪谷，將變化萬千的大自然美景一一記錄在鏡頭中。在這些戶外活動裡有項最讓人難忘的活動，那就是去泡野溪溫泉。想想在冷颼颼的冬日中，能夠舒適的泡個熱湯又能欣賞到美麗的景色，真是一大享受！我們很幸運，置身於處處皆溫泉的台灣，想泡個溫泉，車子開沒多遠就能抵達目的，這在外國人眼中是一件多不可思議的事情。

　　接受這個任務之前，不少處的野溪溫泉都曾造訪過，還記得當初第一次前往野溪溫泉時，跟著登山團隊沿著花蓮壽豐溪河床一路前進到二子山下，這種新鮮的感覺猶如探險隊發現新大陸一般，果然二子山溫泉沒讓人失望，在星光佈滿天際的夜空下，泡了一個野味十足的溫泉，當夜在帳篷裡睡得香甜，一覺到天亮，這樣的情景感受至今難忘！

　　本書所介紹的野溪溫泉，較為大眾化，主要是讓一般的民眾不需要像台灣探險隊一樣，翻山越嶺，攀岩走壁，才能到達目的。民眾只消開著車，深入荒山野地，走小段路就能試試野溪溫泉的魅力，有些甚至可直接將車子開到溫泉地旁，十分的便利，不過這樣的情況也會讓泡湯的遊客較多，無法好好的泡湯，有時想找個世外桃源之處，還是得困難點才能保持它的寧靜與自然，因此介紹幾個越野級的野溪溫泉，讓喜歡接受挑戰的民眾試試！

　　有句話一定要說，野溪溫泉多為無人管轄之地，是大自然賜予的寶藏，需要大家來維護，不要將帶來的髒亂留在此處，美好的環境，就看個人的一念之間，只是小小的動作，就能讓野溪溫泉的美名維持下去，下次才有溫泉可以前往！

野溪溫泉的裝備

更衣帳

　　野溪溫泉多數無更衣設施，除非前往人煙罕至的地區，一般而言都須換上泳衣浸泡。目前市面販售的更衣帳，可分為兩類：一種是像帳篷的支撐方式撐開，另一種如汽車遮陽板的方式收合，稍稍打開一放，即能快速的撐開，十分便利。

鏟子

　　一些野溪溫泉，需要挖掘才能浸泡，如果不夠深，也派得上用場。目前，在有些大賣場休閒用品中，即可找得到一種可以收折的鏟子，稍微小點，但節省體積方便攜帶；另一種鏟子，常常可以在吉普車的備胎上看到，非常的耐用，放在車後也成為車子的裝飾，很有曠野的風味。

水勺

不論是在泡溫泉前後都用得上勺子，尤其在浸泡人工圍起的溫泉池時，入池前最好先沖洗身子，以保持池內的清潔，起身時，再沖洗一次，以洗去砂石等。曾看過有人以廢棄不用的塑膠罐切出缺口，就成了現成的水瓢。

露營裝備

如果能在野溪溫泉旁露營，最能體驗得到戶外休閒的生活，因此準備好露營裝備，不僅比得上旅館，而且十分的有趣味性，值得嘗試看看！一般而言，至少要準備防水的帳篷、睡墊、睡袋，越要求舒適性價格就越高。再來，炊煮食物的用具、方便用餐的桌椅、可供遮陽遮雨的炊事帳等等，準備的越齊全，當然也就越舒適，不過要考量車子是否能承載，還有車輛能否直接到營地，不然可就要累死自己搬上搬下了。

準備好開始泡溫泉嗎？

1. 首先，用溫泉水淋腳，慢慢往上，肩膀全身都要潤溼，最後再用溫泉水澆淋頭部，這尤其對冬天泡浴較高溫的溫泉時，是非常重要的過程，可預防腦溢血的發生。
2. 接著，慢慢進入溫泉池中浸泡，一開始只泡到胸口部分，約浸個幾分鐘之後，再慢慢泡至肩膀高度。
3. 泡湯的時間長短視溫泉的溫度而定，泡到心跳加速或是汗流浹背時，就要起身休息數分鐘之後再繼續，其中溫度以38～42度最為適中。
4. 入浴前後需要多補充水分，以保持體內平衡，泡浴後也不要立即進食。

野溪溫泉分佈圖

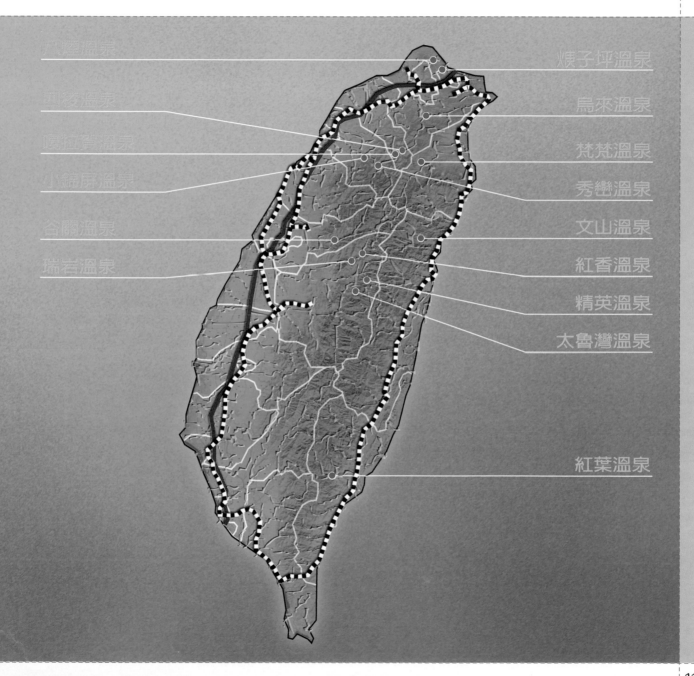

廣澤溫泉

九稜溫泉

嘎拉賀溫泉

小錦屏溫泉

谷關溫泉

瑞岩溫泉

熊子坪溫泉

烏來溫泉

梵梵溫泉

秀巒溫泉

文山溫泉

紅香溫泉

精英溫泉

太魯灣溫泉

紅葉溫泉

超人氣的明星溫泉 **八煙溫泉**

聲名大噪的八煙溫泉，因其優質的溫泉與天然野趣，
而深受北部民眾的青睞，即使是位於陽明山管制區內，
也阻擋不了泡湯族的熱情！

來去八煙溫泉

☆大眾級野溪溫泉

位置：	台北縣金山鄉
泉質：	酸性硫酸鹽泉（白磺泉）
溫度：	約60℃～99℃
療效：	慢性關節炎、筋肉酸痛 皮膚病
地質：	火成岩
水系：	磺溪
步行時間：	20分鐘
設施：	無

　　位於陽明山國家公園範圍內的八煙溫泉，有著絕佳的地理條件，距離都會區並不是很遠，泉量充沛，路況尚稱良好，因此一直都是相當熱門的泡湯之地，自從被公開後，遊人絡繹不絕。

　　從陽金公路轉往八煙溫泉的叉路為土石路面，路況較差，車輛須小心慢行，在穿過柵門後不久停車，一旁湍急的磺溪奔流至金山，它的源頭來自陽明山系，由於溪水夾雜豐富的硫磺等礦物質，河床裡的溪石都披上一層橘紅色，不難知道這條溪為何被命名為「磺溪」。

　　經過多次的風災大雨，原本四輪傳動車可直達的土石路被截斷成好幾截，因此不論開何種車的遊客都得步行前往溫泉區，在涉過小溪後不久，隨即轉往左側上坡路，而另一條叉路已被破舊的貨櫃屋遮擋，並無路徑，沿途腳踩著淡淡紫色的土石路，山壁上也時時可見硫磺礦的蹤跡，處處顯露出此處的地質景觀。

▲ 礦溪景觀

▲ 溪流 SPA

▲ 源頭

上試用，果眞皮膚滑嫩的可以讓你「靠近一點！再靠近一點！」

另外，這裡與溪水匯流，民眾可以泡熱了身子，跳到一旁的溪水中，讓溪水衝擊著自己，來個三溫暖的SPA，而不遠處數公尺高的溪流瀑布，有較強的衝擊水柱，跑到瀑布下頭讓冰冷的溪水迎面而下，還眞需要一番膽量，眞是勇氣可嘉，敬佩萬分！這裡源頭豐沛的蒸汽可作爲煮蛋的熱源，不過要小心高溫的露頭，免得燙傷自己。

八煙溫泉被泡湯族評鑑爲一級棒的溫泉，只有親自前來一試，才能體會出來！不過假日人多，建議非假日前來才能盡情享受泡湯的「熱」趣。另外夏季時，白天的遊客也較少，除了試試泡溫泉外，也有人衝著溪水坑耍，也是一樂！

步行二十分鐘後，不久看見遠處山谷冒著白煙，不由得興奮的加快腳步，到這裡分成了三個叉入口，要走最左邊的那條叉路才對，緩緩的下坡後，有道被國家公園管理處設立的鐵柵門，不少民眾還是興致不減，依然繞過障礙前往，隨即看見八煙溫泉。

經過步行二十分鐘後，身子有點暖意剛好熱身，已有不少遊客泡在溫泉池中。八煙溫泉經過有心人士的整理，一層層依山勢的落差，分成數個不同溫度的池子，這裡的泉質屬酸性硫酸鹽泉，即所謂的白礦泉，帶有濃厚的硫磺味不可飲用，乳白色的溫泉，有點像在泡牛奶浴，主要的療效針對慢性關節炎、筋肉酸痛、皮膚病等，其中池底灰白的泥漿可拿來敷臉及身體，聽說效果好的不得了！二話不說馬

▲ 冬季的盛況

◎注意事項

* 八煙溫泉隸屬於陽明山國家公園管制範圍內，目前並未開放給遊客進入，小心受罰！

* 八煙溫泉屬易崩塌的地質，如遇豪雨或風災，切勿前往。

* 溫泉區地熱出口蒸汽溫度很高，切勿直接以肢體接觸避免燙傷。

* 優質的自然環境需要大家維護，請勿將垃圾隨意棄置，下次前來才有好山好水。

* 例假日時陽明山仰德大道及部份道路實施交通管制，前往兩處野溪溫泉可從替代道路進入，或由金山往陽明山可避開管制。

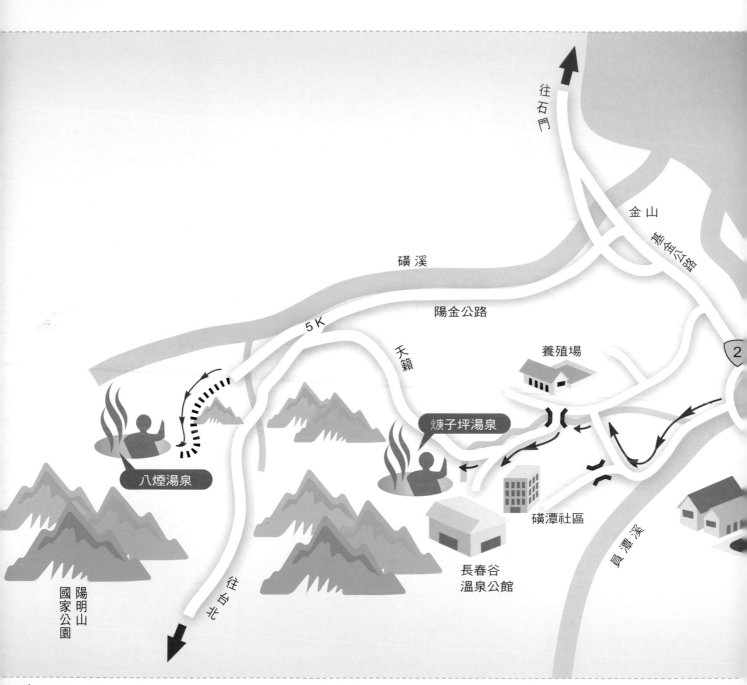

🚌 怎麼去

陽金公路5K岔路 → 柵門 → 小瀑布（停車處） → 大石 → 涉溪 → 大轉彎上坡 → 岔路 → 八煙溫泉

開車族：
由北二高萬里交流道下往金山方向，於陽金公路5K處岔路往下約前行500公尺處停車，接著步行約20分鐘即達。

搭車族：
可於台北市公園路搭台汽客運往金山，於天籟站牌下車後步行至5K處岔路，後續請參照上述。

東 海

北基
加油站

擎天崗 ▲

小油坑 ▲

魚路古道 ▲

順道一遊

台北市後花園陽明山

　　規劃成國家公園的陽明山，原名草山，旅遊設施完善，遊憩處眾多，且生態豐富，常為賞花、賞鳥、植物觀察、登山健行等愛好者所推崇，也因陽明山的火山地質形成不少溫泉脈，讓陽明山上、北投等地成為遠近馳名的溫泉鄉。當您計畫前往八煙溫泉泡湯時，不妨順道一遊陽明山國家公園的好山好水！

古道健行

　　距離八煙溫泉不遠的「金包里大路」，是昔日陽明山前往金山的捷徑，而所謂的大路也只是以石塊鋪成的小徑，路面狹隘，馬車難行，卻負有當時兩地往來的交通重要功能，早期金山的魚貨欲往士林、陽明山一帶靠的就是這條路讓工人挑運，因此又稱為「魚路」，加上茶葉、硫磺礦的運送，經過多次的修築，匯成幾條重要的道路網線。

　　目前，國家公園在這條路上設有休憩點，並設置指標，讓前來的民眾可以自導的方式走走古道，若是體力許可，可以試試走完全程，如果只想看看體驗一下昔日的風情，可選擇一些短程的步道或定點的遊憩區一遊，也是悠閒享受自然的最佳方法。

自然觀察

　　想認識陽明山各種地形、植物、動物、人文等，可以透過國家公園舉辦的活動來參與，會有專人為遊客導覽，生動的解說與現場實地的觀察，可以清楚的認識到各種動植物，當我們親自體驗到大自然的奇妙，對於大地間的互動更加了解，會更愛惜我們的環境，因此想要讓小朋友培養一個愛地球的觀念，不妨帶他們走一遭大自然的生態教室！

　　陽明山的四季，各有不同的風情，因受緯度及海拔的影響，氣候變化明顯。春季，色彩繽紛的花朵綻放，將大地妝點的更動人；夏季，午後的雷陣雨過後，彩虹跨過山谷，讓充滿綠意的陽明山多了色彩；秋季，滿山的五節芒綻放白花，隨風搖曳成為白色的花海；冬季，雲霧飄渺的山區，猶如仙境中的桃花源。就如同國家公園所說的：也許我們知道春生、夏長、秋收、冬藏，也許我們知道春花、夏樹、秋風、冬雨，但如果不是親自走過，沁心的體會，是很難有入骨的感動！

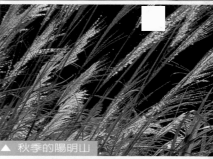

▲ 秋季的陽明山

金山老街巡禮

　　舊名金包里的金山，想要一窺早年小鎮生活的實景，只剩老街保存的較為完整，兩旁的建築大多起造於清代時期，目前一些商店尚保留古風，遊走在米店、雜貨鋪、農具店、枝仔冰、古玩等，彷彿來到阿公、阿嬤的年代。而一些本地特產也能在這裡買齊，以芋仔蕃薯、茭白筍為多，也可以買到各式青草茶的材料，極具地方特色。

　　在廣安宮旁的金山鴨肉店，是三十年老字號的小吃店，以新鮮的鹹水鴨遠近馳名，慕名而來的遊客讓店家一刻不得閒。來自山邊的鴨肉，每隻都養足六個月以上，因此鴨肉肥嫩鮮美，像流水席般出菜的

▲ 金山街景 ▼

打鐵鋪 ▲

餐點，也是店家一大特色，值得一嚐。附近，有家傳統打鐵店，極富古早味，運氣好的時候可以看到店家製作鐵器，目前大多以農具為主。

北海岸明媚風光

從金山出來，可選擇往基隆方向或是往淡水方向，沿途視野景觀遼闊，可欣賞到北海岸風光；往基隆的方向，依序有野柳、萬里等風景區，除了觀賞海岸奇石外，當然不能錯過小漁港剛捕獲的海產，不僅新鮮又不會太貴，值得一嚐。若是往淡水方向，回台北路程較遠，卻有另一種享受，例如石門與老梅的海岸奇景，富基漁港的海鮮大餐，甚至在三芝的海岸附近也出現不少富有特色的咖啡館，不妨停留駐足，喝杯咖啡享受海天一色的自然美景。

海岸咖啡館 ▲

萬里奇石 ▲

老梅奇石 ▲

周邊食宿

　　八煙溫泉地處於金山鄉，鄰近的住宿點以金山青年活動中心與天籟溫泉會館、喜凱亞溫泉飯店最為人知，最前者以平實的價格提供多元化的服務，後兩者則屬精緻高級的溫泉飯店，各有不同的特色；另外在餐飲方面，金山街上小吃林立不虞匱乏，北海岸上的咖啡館也深具特色，是另一種選擇。

　　位於金山海邊的金山青年活動中心，是國內最早成立的青年活動中心，依山傍海，景色怡人，佔地廣闊的青年活動中心，可容納700人的食宿，並擁有1500人的露營地、大型室內溫泉SPA、海水浴場，因此稱得上一個多方位的渡假中心，也是北海岸重要的遊憩點。

　　以優質溫泉館著稱的天籟，除了可以嘗試十六種露天風呂冷熱泉，享受各式溫泉趣味，當季節變換時，天籟也會加入新點子，讓客人體驗不同風味的溫泉，另外在每個客房皆有寬敞的空間規劃，不同的客房也有獨立的景觀，讓懷抱山林而眠的房客，一覺醒來迎接最美的陽明山景。

　　當從陽金公路下來時，金山外環道的曼特寧咖啡，吸引過往遊客的目光，從略帶異國風情的外觀，進入到咖啡館內，會發現大廳的裝設極富特色，咖啡桌椅自成一格，還可以從窗中看到荷影翩翩，庭園中的白色遊艇，讓這裡與大海連結了了，而大型的水車，隨著水流轉動，讓炎熱的天氣頓時涼了起來，由於二十四小時的營業，讓這裡成為山下越夜越熱鬧的休憩處。

★金山青年活動中心
地址：台北縣金山鄉青年路1號
電話：02-2498-11904
設施：餐廳、住宿、會議廳、露營地、溫泉SPA館、海水浴場
網址：www.cyh.org.tw/html/center/KS/INDEX.HTML

★天籟溫泉會館（渡假套房、溫泉、餐飲）
地址：台北縣金山鄉重和村名流路1-7號
電話：02-24080000
設施：溫泉區（600餘坪，16座溫泉池不同風味的風呂）、溫泉套房、餐廳
網址：www.tienlai.com.tw

★喜凱亞溫泉酒店（渡假套房、溫泉、餐飲）
地址：台北縣萬里鄉大鵬村加投166-1號
電話：02-2408-2559
設施：餐廳、住宿、溫泉
網址：www.seagaia.com.tw

★曼特寧咖啡
地址：台北縣金山鄉中華路134號
電話：02-2498-9222.24081303
營業項目：精緻餐點、現煮咖啡、中西品茗
營業時間：24小時

旅遊資訊

★陽明山國家公園
電話：02-28613601（管理處）
　　　02-28616341（遊客中心）
網址：www.ymsnp.gov.tw

平易近人的山中溫泉

焿子坪溫泉

與八煙溫泉相距不遠的焿子坪溫泉，
因這一兩年溫泉業者開發溫泉館鋪路，
使得這個野溪溫泉越顯得平易近人，
相當容易就能輕鬆抵達！礦業公司遺留的開礦痕跡，
也讓溫泉多分文化色彩。

來去焿子坪溫泉

☆大眾級野溪溫泉

位置：	台北縣萬里鄉
泉質：	酸性硫酸鹽泉（白磺泉）
溫度：	約40℃～100℃
療效：	慢性關節炎、皮膚病、筋骨酸痛
地質：	火成岩
水系：	磺溪
步行時間：	5分鐘
設施：	無

　　早先去焿子坪溫泉時，須開四輪傳動的車子前往，在過了天籟社區後不久，就出現泥濘不堪的土石路面，岔路也多，實在要識途老馬帶路才能一窺究竟，也難怪那時這條路線成為各車隊間的私房景點。今年拜溫泉業者開發溫泉會館，從基金公路上山，一路鋪上平坦的柏油路面，使得原先須花上半小時多車程的產業道路，縮短一半以上的時間，也讓焿子坪溫泉的面貌更加平易近人。

　　與八煙溫泉相較之下，這裡寧靜多了！有時薄霧飄渺，有時小雨輕瀉，讓這個溫泉猶如人間仙境，很難想像當初這裡是採礦之地，最早三金礦業公司在此處開採硫磺礦產，可說是人聲鼎沸，如今人去樓空，只留下採礦的痕跡任憑想像。

　　當車子快接近焿子坪溫泉時，老遠就能瞧見溫泉散發的白煙，在三金礦業的門柱旁停好車輛，準備步行前往泡湯區，路旁的小河其實

▲ 蒸汽孔

孔，鮮黃色的結晶展現出硫磺礦的特色，要注意不要直接用手接觸蒸汽，以免燙傷！

　　焿子坪溫泉與八煙溫泉相距不遠，同屬於陽明山的山系，附近周邊的旅遊景點頗多，可參考八煙溫泉篇幅介紹前往一遊。

就已有溫泉冒出，只是與溪水混流溫度不高，不過脫去鞋襪倒也能玩耍一番。記得前年來時，這條溫泉河有幾個落差，石塊圍起攔沙壩，形成大大小小的溫泉池，兼具SPA的功效，還滿適合泡湯。不過這次前來，面貌變了！落差也不大，因此也就沒有溫泉池子可供泡湯，野溪溫泉常受到大自然因素變化多端，由此可見一斑。

　　再往上頭走去，白煙充斥之處原是採礦地點，這裡的溫泉量較豐沛，溫度也比較高些，常是許多泡湯客選定的泡湯之處，一些以石塊圍起的泡湯池，清晰明顯可見，但深度不及一尺，想要深點，可就要自備鏟子囉！白色溫泉有強烈的磺味，泉值與八煙溫泉相同，沿著河床旁與山壁間，不時看到磺礦噴氣

◎注意事項

＊焿子坪溫泉為三金礦業公司產業，切勿擅自闖入破壞。

＊焿子坪溫泉有幾處較為容易崩塌的地質，如遇豪雨或風災，切勿前往。

＊溫泉區磺礦噴氣出口，溫度很高，切勿直接以肢體接觸避免燙傷。

＊優質的自然環境需要大家維護，請勿將垃圾隨意棄置，下次前來才有好山好水。

＊例假日時陽明山仰德大道及部份道路實施交通管制，前往兩處野溪溫泉可從替代道路進入。

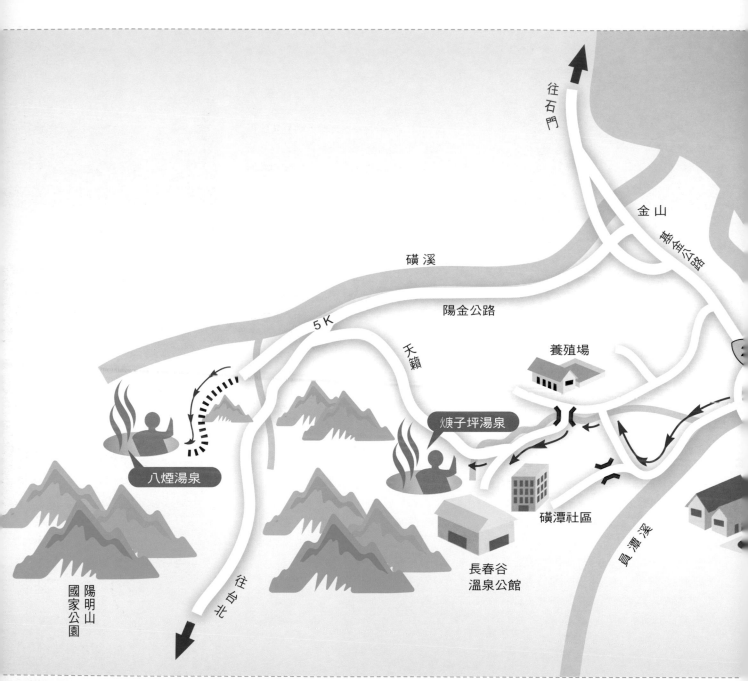

往石門

金山

基金公路

礦溪

陽金公路

5K

天籟

養殖場

煉子坪湯泉

八煙湯泉

磺潭社區

往台北

陽明山
國家公園

長春谷
溫泉公館

員潭溪

東 海

北基
加油站

往基隆

 怎麼去

基金公路北基加油站岔路→礦潭社區
標示牌 →岔路 →過小橋 →三
金礦業入口 →步行上坡→採礦區
→煉子坪溫泉

開車族：

由北二高萬里交流道下往金山方向，
在基金公路北基加油站岔路往左至礦
潭社區前，於社區標示座前右轉循長
青谷溫泉會館指標前往，最後在柏油
路與土石產業交接處停車，接著步行
約五分鐘即達。

搭車族：

可於台北市公園路搭乘台汽客運往金
山，於金山總站牌下車後轉搭計程車
前往，後續請參照上述。

二十四小時無休的便利溫泉

烏來溫泉

位於台北縣深處的烏來鄉，
小小一條街充斥著大大小小的溫泉館，來此的遊客，
在一覽風光明媚山水之餘，
不妨來體驗另一種饒富趣味的野溪溫泉！

來去烏來溫泉

☆大眾級野溪溫泉

位置：台北縣烏來鄉

泉質：碳酸氫鈉泉（微弱鹼性）

溫度：約55℃～80℃

療效：改善腸胃疾病、中和胃酸、促進血液循環、滋潤皮膚

地質：變質岩

水系：南勢溪

步行時間：5分鐘

設施：簡易更衣間、蒸氣室

　　烏來溫泉的歷史由來已久，也是近年來北台灣最熱門的溫泉鄉之一，最早發現溫泉的泰雅族人，看著不斷冒出熱泉的溪流，直說「uraikirofu」，其中kirofu意指熱騰騰，「烏來」之音也就這樣產生。在日據時代，日本人於南勢溪東岸邊興建「警察俱樂部」，提供日本警察休憩泡湯。隨著公路的開通，烏來街上也出現溫泉旅店，不過當時的烏來並未以溫泉著稱，而是靠著原住民風情、纜車、瀑布打響名聲，至今在休閒與養生日漸並重之際，才逐漸有業者到此開發溫泉，形成今日人聲鼎沸的局面。

　　說到岸邊的野溪溫泉，還是近年烏來風景特定區管理所重新整建，從路旁的木製階梯下到河床，河岸邊以護欄圍起，不久就到了以石塊水泥控起的池子，大大小小的池子，調節成不同溫度的泡湯池，潺潺的南勢溪從旁流過，遠處的綠林山景，也讓此處多些自然景觀，只可惜橫過溪面的溫泉水管多少影響了畫面。

對於泡湯的遊客來說，這裡稱得上五星的野溪溫泉，有更衣室、蒸汽間、沖洗池等，雖然因為是用廢料搭建，說不上美觀，但是泡湯該有的設施都具備了，可說非常實用。遊客可在更衣室換上泳衣，熱心的旁人還會告訴新來的人，先去沖洗池將身體沖洗乾淨再入溫泉池浸泡。目前有一票義工，天天來此清理溫泉池，也多虧了這些義工們，不然以如此眾多遊客量的溫泉，不常清洗沒人敢下去吧！

另外，靠著山壁搭起的蒸汽間，利用溫泉的熱氣，讓塑膠布棚

▲ 溪岸邊的小池

▲ 簡易蒸汽間

內的空間充滿蒸汽，不妨去嘗試看看這種簡易蒸汽浴。不少大膽的民眾，喜歡在溫泉池中泡熱了身子，再進入冰冷的溪中浸泡，溪流的力道也成了衝擊動力，冷熱交替下，充分運用了大自然資源。不過要注意溪流的安全狀況，儘量不要跑到深水之處，以免危及生命。

烏來溫泉無色無味，是相當優質的碳酸泉，除了浸泡外也可飲用，據說對腸胃相當不錯，因此有溫泉業者以此泉推出溫泉咖啡，獲得不錯的反應呢！此外，泉量豐沛的溫泉，供應了整個烏來溫泉用量，到目前都不至於匱乏，近幾年，民眾對於泡溫泉愈來愈熱中，也因此新興的溫泉館也相繼設立，讓這個溫泉部落愈來愈熱鬧了！

◎注意事項

* 烏來溫泉為公共造產設施，請保持環境清潔，不任意破壞物品。

* 溫泉旁的南勢溪水深危險，遇豪大雨時切勿至溪中游水。

* 前往溫泉須經過風管所收費站，若想免去收費困擾，可於非收費時間前往。

31

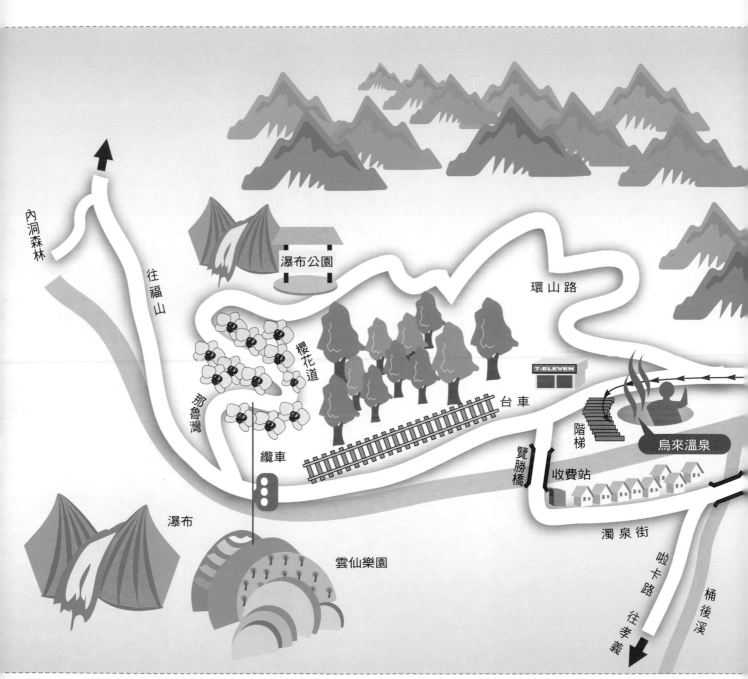

內洞森林

往福山

瀑布公園

環山路

櫻花道

那魯灣

纜車

瀑布

雲仙樂園

台車

7-ELEVEN

階梯

烏來溫泉

覽勝橋

收費站

濁泉街

啦卡路　往孝義

桶後溪

怎麼去

新烏公路台9甲線→烏來觀光大橋→標示牌（下坡路）→溫泉小徑（階梯） →烏來野溪溫泉

開車族：

由北二高新店交流道下往烏來方向，於北宜公路新烏路岔路口右轉前往烏來，過烏來觀光大橋與收費站不久，於左側岔路往下至階梯入口，接著步行約三至五分鐘即達。

搭車族：

可於新店捷運站搭乘新店客運往烏來，於總站下車後步行過橋至溫泉處。

南勢溪

往台北

停車場

溫泉街熱絡的情景 ▲

櫻花盛開的季節 ▲

順道一遊

多樣風貌的烏來風景區
春賞山櫻、夏游清溪、秋觀楓紅、冬泡湯泉

　　對於大台北人來說，烏來算得上是自家的後花園了，每個季節皆有不同的風貌吸引遊客到訪。春天繽紛的山櫻讓山林嬌媚起來，配合定期舉辦的櫻花祭，使得烏來多了和風的味道；夏季時，周遭的小溪──桶後溪、哈盆溪、南勢溪等，沿途都有遊客戲水或是溪釣，讓原本寧靜的山林也熱鬧起來；秋天，沿著環山路旁，層層楓紅夾道，吸引遊客駐足留影；冬季來臨，溫泉池裡總是充滿了人潮，熱呼呼的溫泉，一點也不寂寞。

魅力四射的烏來商店街

　　經過整理後的烏來形象商圈，越發吸引遊客前來，充滿原住民風味的藝品店，讓人猶入寶庫不時挖掘賞心悅目的衣飾，山野菜與風味餐交織的餐飲店，也是熱鬧非凡，不妨嚐嚐新鮮有趣的山野料理，想要滿載而歸嗎？就到特產店大肆採購吧！小米酒、小米麻薯、香菇、茶葉都是熱賣商品，累了！到溫泉餐廳喝杯下午茶再走吧！愈來愈豐富的商店街散發著她獨特的魅力！

內洞森林遊樂區生態之旅

　　內洞森林適合全家大小，景觀豐富的森林遊樂區，綠林夾道，平緩無坡，只有到了瀑布區才須花些體力往上爬，副熱帶重溫型氣候讓區內林相繁雜，孕育了各種動植物，是個豐富的生態教室，例如從入口處一直陪伴遊客的「台灣水鴨腳秋海棠」，由於葉子有不規則的缺裂

紋形似鴨腳，因而得名，每年的五月至十月是花期盛開季節，粉紅色小花佈滿了路旁的山壁。

一路聽著蛙鳴鳥叫，來到最具聲勢的瀑布區，豐沛的內洞溪在這裡從頂層的溪谷一路衝瀉而下，最後匯流到南勢溪中，這裡充滿了負離子，對人體相當有益，停留小憩深深的吸一口氣吧！若是體力不錯的遊客不妨走走森林步道，享受一下芬多精洗禮。

▲ 內洞森林遊樂區的瀑布群

悠閒自在的碧潭行

離開烏來後，若有時間，可順遊碧潭，潭上優游的天鵝船，為綠色的水面增添了生動的活力，多數情侶都不會放過這樣浪漫的機會；而位於東岸賣店的咖啡館還不少家，遊客可坐在露台上欣賞山光水色，喝杯咖啡好好的放鬆自己，或是與三五好友聊聊，都能消磨不少時光，當然走走吊橋，體驗晃動的不安定感也是一樂。

▲ 落日餘暉中的碧潭吊橋

 周邊食宿

烏來周邊的食宿無慮，不少高檔的溫泉飯店與溫泉館皆設有溫泉套房，另外在山上的雲仙樂園也提供舒適的森林別墅，而較具特色的民宿則有沙力達民宿與烏來民宿藝術村，環境幽雅，離市街有段距離，適合喜愛寧靜的遊客；至於餐飲方面，烏來街上大大小小的餐飲店林立，以現炒山野菜與原住民風味餐為多，若想要吃些精緻點的菜色，多數溫泉飯店會館皆提供各式餐點以饗大眾，其中以茶餐出名的巨龍山莊深獲好評，餐廳充分將茶融入菜色中，不僅味美還充滿了茶香，值得一嚐。

★烏來鄉公所
地址：烏來鄉忠治村堰堤路48號
電話：02-2661-6441
網址：www.wulia.tpc.gov.tw
烏來生態旅遊網：40.112.80.29/wulai/index1.htm

★烏來風景特定區管理所
電話：02-2661-6355.2661-6942
網址：www.construction.tpc.gov.tw/wulia/index.html

★內洞森林遊樂區
諮詢電話：03-5224-163轉222或223
烏來工作站電話：02-2661-7712
網址：www.forest.gov.tw

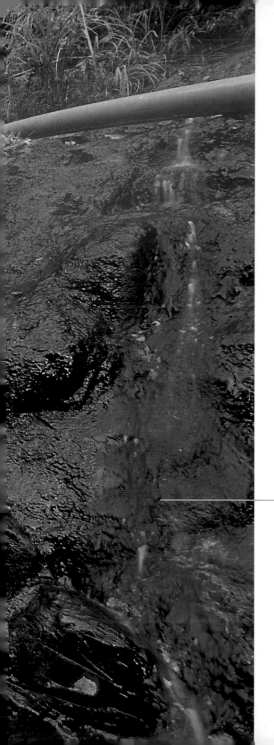

令人嚮往的溫泉瀑布

嘎拉賀溫泉

在台灣進入溫泉瘋的時代後，
以溫泉瀑布一炮而紅的嘎拉賀溫泉，
成為台灣北部地區最熱門的野溪溫泉，
人工SPA不稀奇，先走一個小時的山路，
再來享受渾然天成的溫泉SPA正是嘎拉賀溫泉的魅力所在。

來去嘎拉賀溫泉

★越野級野溪溫泉

位置：	桃園縣復興鄉
泉質：	碳酸泉（弱鹼性）
溫度：	約45℃～50℃
療效：	皮膚病、美容養顏、婦女病
地質：	變質岩
水系：	三光溪＞大漢溪
步行時間：	40～60分鐘
設施：	簡易更衣室、涉溪繩索

「嘎拉賀」一個充滿原住民色彩、寧靜純樸的高山部落，因為野溪溫泉而成為北部地區最熱門的泡湯景點，每逢假日常見一家大小攜老扶幼一起前來享受野溪泡湯的樂趣。嘎拉賀溫泉之所以受到愛好泡湯人士的青睞，最主要的原因除了便利安全的交通以及三個溫度不同的湯池外，溫泉瀑布的灌頂快感可以算是嘎拉賀溫泉最誘人的天然享受，所以有人稱它為五星級的野溪溫泉，我想是實至名歸。

「嘎拉賀」位於桃園縣復興鄉，是一處泰雅族部落，「嘎拉賀」原是泰雅族語，意思是又高、又遠之意，台灣光復後此地有了漢名——新興，所以嘎拉賀溫泉在許多資料上也被稱為新興溫泉。在台灣，大多數的野溪溫泉皆發生在高山溪流中，想要一親野溪溫泉芳澤，下車後需要一番爬山涉水是在所難免，位於北橫山區的嘎拉賀也不例外。

嘎拉賀部落海拔1500公尺，溫泉卻位於部落下方三光溪谷，距離1500公尺，海拔落差約500公尺，部落到溪谷中段雖有一段產業道路，但因道路非常狹小不適合車行，建議您將車子停妥在部落停車場後徒步下至溪谷，下切溪谷時間依個人體能狀況不同大約要40分鐘到一個小時，從溫泉回到部落的上坡路段需要一個小時至一個半小時，全程大都是水泥路面及階梯所組成，以山路的標準來看，這段山路除了坡度有些陡峭外，路況算是老少咸宜。

一路陡坡下到溪谷，溫泉就在視線所及的對岸，高約15公尺的泉源從岩壁湧出分成多條細流流入下方的人工湯池中，其中左側最大的湧泉就形成嘎拉賀溫泉最著名的地標——溫泉瀑布，溫泉熱氣所產生

的煙霧在溪谷中飄散，與秀麗的三光溪谷構成一幅唯美的自然畫作。當我們小心翼翼握住溪流上設置的安全繩索抵達對岸，早已迫不及待地想要下水泡湯，但為了避免身體的溫度受到涉溪的影響，誤判了溫泉的高溫而導致燙傷，所以還是必須稍安勿躁，先試一下真正的水溫再下水。嘎拉賀溫泉在幾經颱風所導致的洪水肆虐後，原本瀑布旁的四個人工湯池目前只剩下三個適合浸泡，原本位於溫泉瀑布下的溫泉池如今已被河水沖蝕，所以現在想要享受瀑布溫泉灌頂的遊客可要站在冰冷湍急的溪水中，而且要小心自身的安全，在我們享受野溪溫泉的暢快時，也不免感受到生態的自然力量是如此的驚人。

◎注意事項

* 部落到溪谷中段前雖有產業道路，但因道路非常狹小陡峭不適合車行，建議您將車子停妥在部落停車場後徒步下至溪谷，停車費100元。

* 泡湯時須留意回程時間以免摸黑發生危險。

* 由於溫泉在溪流對岸，對岸又緊鄰山壁，在雨季時須特別注意溪水變化以免撤退不及發生危險。

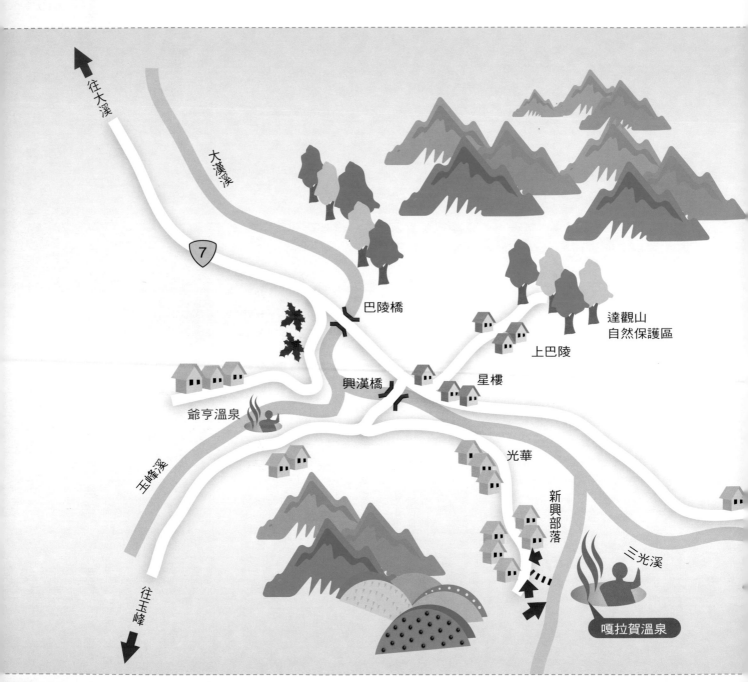

往大溪

大漢溪

7

巴陵橋

達觀山
自然保護區

上巴陵

星樓

興漢橋

爺亨溫泉

玉峰溪

光華

新興部落

三光溪

往玉峰

嘎拉賀溫泉

 怎麼去

大溪→北橫公路（台7線）→巴陵橋 →右側岔路 →興漢橋→左側岔路 →光華道路→新興部落（嘎拉賀）→左側岔路→階梯 →涉溪→嘎拉賀溫泉

開車族：

由北二高大溪交流道下往大溪方向，接北橫公路過巴陵橋後取右側叉路，至第二叉路口取左側道路往新興部落，穿過部落往後段有條產業道路往下，或將汽車停放村中，接著步行約40～60分鐘即達。

搭車族：

可於桃園車站搭桃園客運（03-375-3711）往大溪，再轉搭至巴陵的班次，後段路程並無公車開抵，須另行包車前往，後續請參照上述。

.2K

往棲蘭

溫泉

北橫公路上的咖啡廳 ▲

順道一遊

北橫線上西段
休閒農業吹起的風潮

　　隨著北橫道路越往裡去，沿線的好山好水吸引不少業者在此開發休閒農業，慈湖附近的富田花園農場，打造出如同置身於北海道的景觀，每到冬季時薰衣草花園與彩虹花圃在在讓人驚艷！而位於三民的瑞士鄉村農園則強調健康的香草料理與香草製品，歐洲鄉村的外觀建築與悠閒的氣氛，讓遊客停留駐足品嚐新鮮香草料理的餐飲。另外在角板山的山上，復興青年活動中心附設的露天咖啡座，由於有極佳的視野景觀，一直頗受遊客的青睞，喝杯咖啡眺望著溪谷景致，也成為旅遊中最大的享受了！

視野最佳的賞楓大道

　　北橫公路上有條往三光部落的道路，從蘇樂於右叉路往上爬，就開始了精彩的賞楓旅程，沿途兩旁不時有楓紅，一些變葉樹種，將山頭妝點的五彩繽紛，車輛稀少的樂三道路處處有景觀，約行進到2～3公里時，從這兒可以很清楚的眺望巴陵橋、爺亨部落等全景，粉紅色的巴陵橋非常的顯眼，橫跨了大漢溪，一台台的汽車猶如火柴小汽車般一部接一部，而巴陵橋附近的山谷，因其秋季時處處紅葉翩翩，有「丹楓谷」的美名。

梯田風光的爺亨部落

原本爺亨溫泉也是野溪溫泉，直到多次大水將土石掩蓋住源頭，使得溫泉不再，後經業者開鑿溫泉井經營溫泉山莊，在賞楓之餘，也可享泡湯之樂。爺亨溫泉屬碳酸氫鈉泉，水質清澈，無色無味，泉溫約50℃，據說對慢性疾病的神經痛、皮膚病、關節炎有相當的療效。目前，溫泉的設施有家庭式的溫泉池，一間間隔起的浴池，以石板鋪陳，每間還附有蒸汽室，增加泡湯的變化。另外，也附設露天的溫泉池與山泉的游泳池，在冷熱交替下，更能達到SPA的療效。

除了泡泡溫泉外，不妨前往爺亨村中走走，有時還能瞧見老一輩的泰雅族阿嬤，正忙著編整麻線，準備織起布疋，另外整齊劃一的梯田，種植著各式農作，隨著季節轉換，展現不一樣的風貌，如果想一窺全景，還是在對山的樂三道路觀賞最清楚。

大溪老街風情

從大溪的武嶺橋眺望著大漢溪風光，很難想像這裡的岸邊曾是車水馬龍的碼頭，清光緒年間，政府在此開發山地，設立巡墾局，派兵駐紮，吸引不少商人來此興建產業，板橋林本源家族也是其中之一。和平老街見證了大溪的起起落落，在日治時期大正年間，因都市計畫將和平老街拉直，並妝點店面牌樓，形成今日所見立面牌樓，但老街也隨著歲月消逝，世代交替，而變得新舊並立，也有舊屋傾頹無法住人，人去樓空，徒留店前穿廊，所幸立面牌樓還存在，在全國文藝季時，大溪居民將老街整建，找回昔日的風華。

　　今日，來到老街走走的遊客，在欣賞古厝之餘，也能深入體驗小鎮風情，古色古香的舊屋有的轉變為咖啡屋，有的成為藝品店、茶藝館，但大都保留原建築的架構，是生活與古蹟結合的實例。假日街上居民擺上小吃攤，穿梭老街的遊人也因此有口福一享特產美食或風土小吃，其實在這樣的農業小鎮還可以發掘一些傳統行業，我就在米店看見一疊淺黃色的大圓餅，好奇之下問了老闆，結果您猜是啥？飼料啊！！怎麼用？先用機器把大餅絞碎，再餵食家禽或家畜，這是生活在都市裡的人所無法想像的，當然傳統中藥店、金銀紙店、木器店、豆干店也是街上一大特色，若是容易手癢的人，肯定大包小包帶回家。

　　同時，老城區形象商圈還特別設計出獨家紀念商品，環保購物袋就是將活動中使用過的旗幟再利用，因此購物袋的圖案都不一樣，非常具有大溪風味，也是環保的好點子，當然少不了紀念T恤、馬克杯、書籤卡等，價格合理，送禮自用皆適宜。

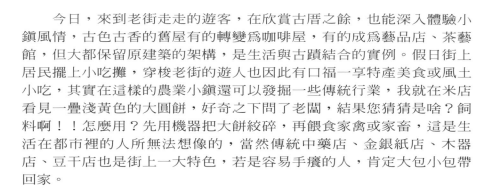

古色古香的咖啡屋 ▲

周邊食宿

接近嘎拉賀溫泉的食宿點，分散在光華道路周邊，大多屬農場山莊形態，不講求豪華精緻，卻也舒適乾淨。農場山莊主人熱心親切，可提供不少當地的旅遊資訊或是帶領探訪周邊的私房景點。至於用餐，可自備簡單的飲食在溫泉處吃食，想要吃點豐富的，就須先向農場山莊預定了，不然得前往巴陵，才有較多的餐廳，其中以原住民風味餐及山野熱炒較多，不妨品嚐試試原住民風味餐點才不虛此行。

◀ 原住民風味餐 ▲

★欣欣農場
地址：桃園縣復興鄉華陵村嘎拉賀25-1號
電話：03-391-2712

★彩雲農場
地址：桃園縣復興鄉華陵村嘎拉賀17-1號
電話：03-391-2160

★教授農場
地址：桃園縣復興鄉華陵村嘎拉賀1-1號
電話：03-391-2320

★達觀山爺亨溫泉
地址：桃園縣復興鄉三光村爺亨段
電話：03-391-2978
網址： www.yeh-heng.com.tw

★仙境小居
地址：桃園縣復興鄉三光村爺亨段
電話：0911500405　0921841215

★上野爺亨溫泉湯館
地址：桃園縣復興鄉三光村爺亨段
電話：03-391-2520

四稜溫泉

通往溫泉的山林小徑保有原始的自然風貌，
走在鬱鬱林蔭下有種像是要去探險的味道，
欣賞沿途豐富的植物生態是來四稜泡湯的額外收穫，
對識途老馬的泡湯族來說，
四稜溫泉是絕佳的野溪溫泉。

來去四稜溫泉

★越野級野溪溫泉

位置：	桃園縣復興鄉
泉質：	碳酸泉（弱鹼性）
溫度：	約45℃～65℃
療效：	皮膚病、美容養顏、婦女病
地質：	變質岩
水系：	三光溪＞大漢溪
步行時間：	30～40分鐘
設施：	過溪流籠

什麼？「士林」也有野溪溫泉！這是每次與朋友提及四稜溫泉時多數的反應。

溫泉的入口處就位於北橫公路上，沒有明顯的路標，只有在水泥護牆上用噴漆噴上四稜的字樣，只要記住台七號省道61.2公里就不會錯過。進入四稜溫泉的山徑有兩處入口，您不必猶豫要選擇哪一個入口，因為下行約十分鐘後兩條路就會連接在一起，這條通往四稜溫泉的山徑大致可分為前中後三段。

前段由於靠近馬路、安全性高，所以被泡湯及釣魚的遊客走出許多條路徑，許多第一次來四稜溫泉的遊客因害怕迷失在這錯綜複雜的路徑當中而卻步，過了前段進入到較平坦的中段後路徑明顯地只剩一條；中段較為平坦且有一處林間空地可供五頂以上帳棚露營；後段最為陡峭，尤其在接近溪谷前的一百公尺，坡度接近垂直，需要藉由繩索下切溪谷。其實看似複雜的山徑在岔路口前都有人在樹幹或是路上留下明顯的方向記號，只要遇到

岔路就挑較大的路來走，就不易走錯路，因爲來四稜泡湯的遊客越來越多，當然路徑也就越來越明顯。

多年前來四稜想要泡到溫泉除了要通過上下陡坡的考驗外，最嚴酷的算是橫越溪谷時那根會搖動的獨木橋。望著近在咫尺的誘人溫泉，腳底下卻踩著一根會晃動的獨木，一不小心就可能掉進湍急冰冷的溪水中。不過這次再度造訪卻有了驚人的發現，居然有人在這裡搭建了一個流籠，構造看似簡易，只要照著指示牌上的使用說明就很安全。感謝建造流籠的善心人士，讓大家不必再冒著生命危險涉溪。

四稜溫泉因位於桃園縣復興鄉四稜村而得名，和同樣屬於三光溪流域的嘎拉賀溫泉十分相似，有著接近的泉質、泉溫、一樣有溫泉瀑

布、一樣得步行下切陡坡至溪谷，但四稜的名氣不比嘎拉賀來的響亮，也因此得以保存幽靜的特色，只要挑個非假日的時間前來，絕對能夠享受到眞正野溪溫泉的野味。

建議大家挑非假日的時間前來並不是因爲假日的人潮洶湧，而是四稜的泡湯池能夠容納的人數實在不多，最好不要超過十人同時泡湯，雖然有四個泡湯區，但是上游的湯池在溪水量大時會被淹沒，另一個在下游須涉溪而下的池子也不大，只剩下中間的兩處，其中一個太小，所以只剩下一個最大的湯池，幾乎所有下來泡湯的人都擠在這個池子中。溫泉瀑布就在這個湯池的上方，爲了沖瀑有人在池邊放了一塊木板方便站立，不過瀑布的水溫高達50度以上，想要嘗試的朋友可要注意水溫的安全。

◎注意事項

* 位於北橫公路61.2公里處的溫泉山徑入口處剛好是一處轉彎道路，大約只能停兩至三部車，車子盡可能靠邊停妥後徒步下至溪谷。

* 至溪谷前一百公尺須拉繩索而下，須自備手套。

* 四稜溫泉附近沒有更衣室，遊客須自行找隱蔽處更衣，請珍惜並正確的使用流籠以保自身安全。

* 泡湯時須留意回程時間以免摸黑發生危險。

* 由於溫泉在溪流對岸，對岸有緊鄰山壁，在雨季時須特別注意溪水變化以免撤退不及發生危險。

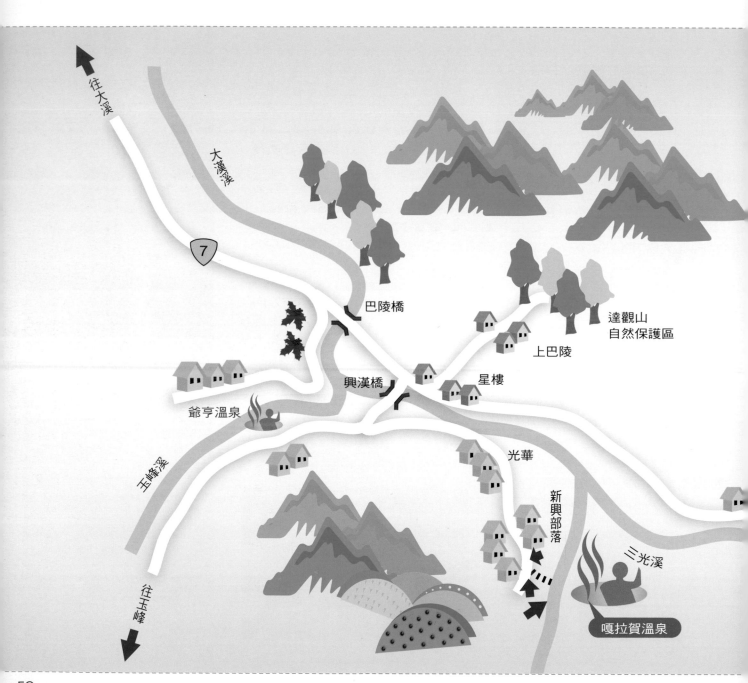

往大溪

大漢溪

⑦

巴陵橋

達觀山
自然保護區

上巴陵

星樓

興漢橋

爺亨溫泉

光華

玉峰溪

新興部落

三光溪

往玉峰

嘎拉賀溫泉

怎麼去

大溪 → 北橫公路（台7線）→ 巴陵
橋 → 巴陵 → 大漢橋 → 四稜→
61.2K處停車 **1** → 下切河谷 → 陡
坡山徑 → 平緩山徑 **2** → 陡坡山
徑（拉繩索）**3** → 涉溪（流籠）**4**
→ 四稜溫泉

開車族：

由北二高大溪交流道下往大溪方向，
接北橫公路過巴陵橋、大漢橋至四稜
約61.2K處停車，於道路旁護欄下切
溪谷，依循樹上指標或登山布條前
行，再搭流籠過河即抵溫泉，整段步
行約30～40分鐘。

搭車族：

可於桃園車站搭桃園客運（03-375-
3711）往大溪，轉搭至巴陵再搭乘宜
興客運（03-960-0300）往宜蘭方
向，或直接於宜蘭搭乘宜興客運往巴
陵，皆至四稜站下車，後續請參照上
述。往此的班次極少，注意銜接的時
刻。

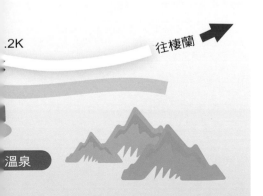

.2K

往棲蘭

溫泉

明日葉 ▲

水蜜桃花 ▲

拉拉山巨木 ▲

順道一遊

北橫線上東段
達觀山豐富之旅

　　原名拉拉山的達觀山，以盛產水蜜桃出名，每到盛夏時，一台接一台的遊覽車擠進這個山城，共赴汁多香甜的水果盛宴。除此之外，春天的桃花繽紛綻放，秋季的楓紅嫵媚了山頭，冬季的雲海飄渺虛無，不同時節不一樣的風情，街上販賣的農產品也隨著季節變換，除了水蜜桃、桂竹筍、世紀梨、奇異果、高冷蔬菜這些極富經濟價值的農產品，這裡也出產少見的明日葉，是極具養生價值的藥草，據說有排毒的功效，可當飲品食用。有這麼多豐富寶藏的拉拉山，真值得多次探訪。

　　以神木號召遊客的達觀山自然保護區，主角當然是列為國寶的紅檜林，由於先前皆以號數標識巨木，少分親切感，為此林務局特別舉辦了「型不型由你」命名活動，讓遊客可以在網站上投票，這些巨木將以泰雅語的名字呈現於遊客之前。走在林間木製的棧道，深深的吸一口清新的空氣，芬多精立刻溢滿胸懷，這是最棒的饗宴！多樣化的動植物生態，也讓這裡成為最佳的生態教室，不妨帶著家人來一趟健康自然的旅程。

充滿詩意的明池

　　位於北橫公路最高點的明池，終年山嵐繚繞，猶如披上一層面紗，景色迷濛極富詩意。不同於其他森林遊樂區，明池以庭園山水的概念，設計出具有唐代風格的「靜石園」、「孝慈亭」，白牆黑瓦的典雅外觀，不由得讓人想入內參觀，禪意的庭園造景，較具日式和風，頗有京都大阪的古寺風情，一旁綠意盎然的明池，時有水鴨、野鳥聚集，常讓小朋友看得津津有味。

森林遊樂區中的原木迷宮、蕨園、苗圃、森林步道，有著豐富的森林景觀與動植物生態，值得遊客駐足一天慢慢的品味，不想錯過這些旅程，可在明池山莊住宿一晚，較能悠閒充裕的享受這份時光。

明池 ▲

周邊食宿

四稜溫泉附近並無商店，遊客可攜帶簡單的糧食，先墊墊肚子，泡湯後再開車前往巴陵或明池山莊用餐。至於投宿點，可依後續行程選擇上巴陵或明池，上巴陵位於達觀山山腰，有多家渡假旅館與農場民宿，品質穩定，評價不差。第二天可安排至達觀山自然保護區健行或是在四周的農園來個農村之旅，若是在明池住宿，則有明池山莊可供食宿，佔地寬廣的明池山莊為退輔會的關係事業，擁有較大型的場地，常常供不應求，須提早預定住房。

★福緣山莊
地址：桃園縣復興鄉華陵村8鄰180-2號
電話：03-391-2090
網址：www.fu-yam.com.tw

★達觀渡假農場
地址：桃園縣復興鄉華陵村神木路189號
電話：03-391-2212
網址：www.network.com.tw/takuan/

★塔曼山莊
地址：桃園縣復興鄉華陵村11鄰巴陵207- 4號
電話：03-391-2639
網址：home.pchome.com.tw/personal/372969/

★恩愛休閒渡假農場
地址：桃園縣復興鄉華陵村巴陵143-1號
電話：03-391-2335．0912-576476
網址：www.conjugallove.com

★明池山莊
地址：宜蘭縣大同鄉英士村明池巷41號
電話：03-989-4104
網址：www.vac.gov.tw/dept4/newvac/topic4/chilanhtm/index-m.htm

旅遊資訊
★達觀山自然保護區
地址：拉拉山自然生態教育館（簡介、生態解說）
網址：www.lalashan.com

★明池森林遊樂區
地址：宜蘭縣大同鄉明池山莊路1號
網址：www.shineyou.com.tw/mingchin/index_1.htm

青山綠水間的秘湯 秀巒溫泉

深入新竹尖石的鄉間，
位於白石溪畔的秀巒溫泉有秀麗的青山綠水為伴，
滿天的星斗為伍，原始自然，
是個極佳的野溪溫泉！

來去秀巒溫泉

☆大眾級野溪溫泉

位置：新竹縣尖石鄉

泉質：碳酸氫鈉泉

溫度：約35℃～60℃

療效：慢性關節炎、皮膚病

地質：變質岩

水系：白石溪＞玉峰溪＞
　　　大漢溪

步行時間：5分鐘

設施：無

　　由橫山鄉進入那羅來到秀巒村，這個並不大的村落「麻雀雖小，五臟俱全」，有國小、消防隊等，也是進入司馬庫斯前最近的村落，在往司馬庫斯行程中大多安排在此處用午餐，因為再過去就沒有村落可供餐飲，要一直開到司馬庫斯才有補給。

　　秀巒村風光明媚，在泰崗溪（塔克金溪）與白石溪匯流之處，橫跨了一座紅色的「控溪吊橋」，由吊橋上可觀看整個溪谷的美景，前方的軍艦岩豎立於溪中，就像即將啟航的軍艦。秋季時，滿山的變葉林，將山頭妝點的色彩繽紛燦爛無比，春季時，隱約可見的山杜鵑與山櫻花，也展現出春天的氣息。

　　由吊橋旁往下走去，尋著明顯的小徑前行，很難想像隱藏在巨大岩石後，居然有個以石塊圍成的溫泉小池子，清澈的溪流從旁流過，浸泡在這樣的溫泉中，可以欣賞美麗的山光水色，是最大的享受了！圍起的溫泉範圍並不大，大約可容

泡溫泉，會有一股刺麻的感覺爬上全身，即使是燒燙的溫泉也不會過熱，這樣的循環過程，直叫人大呼過癮！沒試過的人，一定要試試。

清澈的溪流優游著多種溪魚，足見此地的生態尚保持完好，夏季時，清涼的溪水也吸引了不少遊客，捲起褲管踩入溪裡，享受天然的冷氣，一些愛好獨木舟的民眾，也有在此地航行的記錄，美麗的溪谷讓許多玩家難以忘懷！秀巒的四季，不一樣的風情，吸引遊客多次到訪，想要在美麗的自然景致中泡湯，這裡是首選！

◎注意事項

＊白石溪水中的岩石溼滑，小心行走！

＊注意豪大雨季節，溪水極易暴漲，切勿下溪泡湯。

納六至七人浸泡，越靠近裡頭的地方越熱，遊客可清晰見到從岩石冒出的氣泡，顯現源頭的出處。其實以前靠近岸邊還有一個可以泡湯的池子，不過似乎湧出的泉源不夠熱，泉量也不夠多，因此就無人再以石塊圍住，放任溪水流經。在檢查哨旁的溪谷中還有另外一處溫泉，然而泥沙較多，景致不若吊橋旁的秀麗，因此不做過多著墨，有興趣的遊客，可自行前往勘查。

秀巒溫泉泉質屬碳酸泉，水質清澈，可泡可飲，不少遊客泡熱了身子，再配合一旁冰冷的溪水，做個天然三溫暖SPA。奔馳往西的白石溪，水流十分強勁，遊客可選擇較為平緩之處沖涼。當熱呼呼的身子觸碰到溪水時，驚叫聲常隨之響起，然而當身體逐漸習慣水中的冷度，就一點都不覺得冷了！再次浸

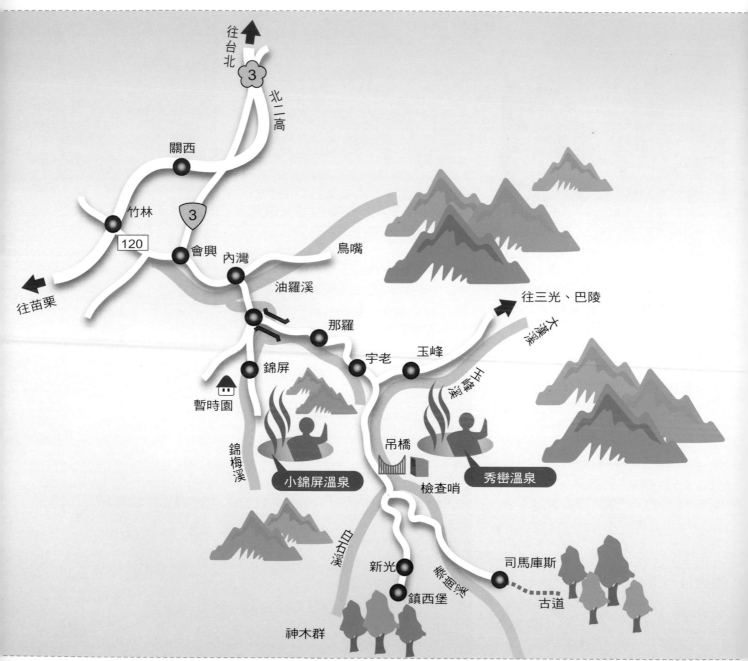

往台北

北二高

3

關西

竹林

120

3

會興

內灣

鳥嘴

往苗栗

油羅溪

那羅

宇老

玉峰

往三光、巴陵

大漢溪

暫時園

錦屏

小錦屏溫泉

吊橋

檢查哨

秀巒溫泉

玉峰溪

錦梅溪

白石溪

新光

鎮西堡

薩克亞金溪

司馬庫斯

古道

神木群

58

怎麼去

內灣 → 那羅 → 宇老 → 秀巒外環道 → 吊橋頭左側 1 → 河床 2 → 大石 3 → 秀巒溫泉

開車族：

北二高竹林交流道下，沿120縣道經橫山至尖石，右轉尖石大橋經那羅、宇老抵秀巒；若往司馬庫斯須通過秀巒檢查哨後直行，再過司馬庫斯大橋上坡最後抵達司馬庫斯部落。

搭車族：

可於新竹縣竹東搭乘新竹客運（03-5225151）到達秀巒，要注意一天班次不多，時間須掌控。

秀巒溫泉細部圖

秀巒國小

吊橋

司馬庫斯部落巡禮

　　素有「黑色部落」之稱的司馬庫斯，位處新竹縣尖石鄉深山裡，這個泰雅部落，一直到1995年才開通道路，不甚方便的交通，使得司馬庫斯保有最原始的景致，古道中的神木也是遊客必訪的景點，現今部落陸續開發出多處風光明媚的小徑，讓到訪司馬庫斯的遊客有更多的選擇。

　　剛進入村落，映入眼簾的是左上方的教堂，它是村民重建的成果，整個建築皆以木製爲主，牆面保留原木的色澤，搭配紅色的屋頂，十分醒目，此處也是整個村落的重心，從民宿的名稱上不難看出基督教對此地居民的影響力。由於日漸增多的遊客，住宿一直都不敷使用，因此司馬庫斯村民陸續增建不少民宿，紅色屋頂、長排的木屋是此地民宿的特色，大眾化的價格、清爽的客房頗受遊客青睞。

　　新建的「補給站」，更將泰雅文化融入建物之中，居民大量運用此地特產——桂竹，泰雅族人的巧手，讓桂竹不只是食物，也是工藝藝術，遊客在用餐之餘，可觀看牆上的圖片故事，讓您更了解司馬庫斯今昔與傳統的生活；晚間，部落的長老在此訴說泰雅傳說，靈活靈現的故事令聽眾莫不入迷。遊客要注意，司馬庫斯的海拔約1500公尺，日夜溫差大，來此要記得多帶禦寒衣物。

溼潤多霧的氣候，讓這裡出產的水蜜桃特別香甜，近年村民嘗試以直銷的方式銷售給大眾，以最新鮮、絕不冷凍保存為號召，讓民眾用電話或是傳真方式來訂購最新鮮又便宜的水蜜桃，銷售狀況果然如預期，供不應求。

　　另外這裡也種植天山雪蓮，因此在12月至翌年3月的產季，四處都能瞧見有人在販售天山雪蓮。想要知道它的植株生作什麼模樣，往福音山莊那條路上去不遠，就能一窺究竟。春季，桂竹紛紛冒出筍頭，是部落餐桌上必備的佳肴。另外，部落以木頭種植的香菇有別於太空包的栽培，特別的香甜，到了秋季時可以嘗試看看！

▲ 神木群

原始自然的司馬庫斯古道

　　司馬庫斯古道整段長40公里，沿途有支陵危崖、茂密森林、溪谷瀑布等豐富的景觀，很適合喜愛大自然的朋友們前往，一般遊客行至神木群作為終點休憩處，再原路折返，這樣的行程緩步來回約需4小時多，因此要考慮進出司馬庫斯古道的時間，避免夜間行走山徑。

▲ 古道

　　一路前行，聽著鳥兒的啼聲、欣賞美景，不知不覺中走到神木群。其中巨人神木形似人形，樹圍20.5公尺，樹齡已有2500年，高約35公尺，是台灣神木排行榜中第四名，若是覺得不過癮，再走約20分鐘可達另一區的神木群，古道健行需要點體力，遊客可視自己身體狀況，決定行走至何處再原路折返。

司立富瀑布是司馬庫斯新開發的景觀步道，由部落往神木區的步道進入，在過了水蜜桃園不久，走向一條右側往下的叉路，一開始是較寬的產業道路，視野開闊，進入森林後為狹窄的步道，經過昔日種植香菇的園圃即聽見水聲，瀑布離此已不遠，夏季水量豐沛時，瀑布氣勢磅礡。

神祕谷與烏鴉嘴石步道也是新近整理的賞幽小徑，路程不長，從村前大路順著指標一路往下，約20分鐘即可到達觀景台，沿路綠蔭蔽天，走來清涼，從景觀台觀看神祕谷，無不深深折服大自然的力量，遠眺溪流穿過碧綠的山谷，儼然就是一幅山水畫，而一旁烏鴉嘴石似乎也一直陪著遊客靜靜的俯視大地。

神祕谷 ▲

烏鴉嘴石 ▲

◆ 注意事項

＊ 進入司馬庫斯部落要於秀巒檢查哨辦理入山證，請攜帶身分證件。

＊ 司馬庫斯大橋之後路況頗差，出發前請先向當地打聽路況，最好開高底盤的車較好。

＊ 司馬庫斯部落未開放露營，想要體驗露營之樂，須背負重裝走入司馬庫斯古道。

＊ 前往神木途中會經過通往鴛鴦湖的叉路，鴛鴦湖為自然生態保育區須經申請才能前往，並且由此要花更長的時間行走才能抵達，千萬不要貿然嘗試。

周邊食宿

　　秀巒溫泉附近可供應餐點的店家，僅有一家小吃店，為傳統的鄉土小吃，想要吃豐富點須自行帶伙食自炊，另外，最近的民宿「塔客金溪山莊」亦供應合菜，不過須事先預定；溫泉上方大岩石旁，有塊平坦的空地，常是許多遊客選擇紮營的地點，夜晚，滿天的星光下，泡個舒適的溫泉，最愜意不過了！「塔客金溪山莊」是一間新興的民宿，設備都很新，庭園中還有涼亭可供泡茶或是炊煮，稍遠點的「魯壁山莊」則頗負盛名，充滿原住民風情，位於宇老附近，是許多團體最青睞的住宿點，有套裝的行程，是個設備完善的住宿點。至於要前往司馬庫斯的遊客，最好在司馬庫斯部落留宿一晚，體驗當地的風光民情。

▲ 塔客金溪山莊

★塔客金溪山莊
地址：新竹縣尖石鄉秀巒村
電話：03-584-7566、行動：0911-317706
網址：www.taconet.com.tw/fiwang

★魯壁山莊
地址：新竹縣尖石鄉玉峰村1鄰宇老5號
電話：03-584-7203
網址：104net.com.tw/035847203

★司馬庫斯服務中心
地址：新竹縣尖石鄉玉峰村司馬庫斯
電話：0928-804983

旅遊資訊

▲ 魯壁山莊

★秀巒派出所
電話：03-584-7523

★司馬庫斯部落發展協進會
網址：www.smangus.net

久泡不膩的養生湯泉

小錦屏溫泉

遠離遊人如織的內灣，
這個以溫泉吸引遊客的小村落，
漸漸的發展起來，而處於深山中的小錦屏溫泉，
由於道路缺乏維修使得這裡寧靜許多，
適合尋幽的民眾到訪！

來去小錦屏溫泉

★越野級野溪溫泉

位置：新竹縣尖石鄉

泉質：碳酸氫鈉泉

溫度：約30℃～45℃

療效：慢性腸胃炎、高血壓、心
　　　血管疾病、痛風、便祕

地質：變質岩

水系：錦梅溪＞那羅溪＞頭前溪

步行時間：8～30分鐘（視汽車種
　　　　　類而定）

設施：半露天溫泉池、簡易更衣室

距離內灣並不遠的錦屏村，由於地處於溫泉帶，目前已有業者開發溫泉館，也讓這裡的遊客逐漸多起來，若是想要享受最自然野趣的溫泉，還是前往山裡頭的小錦屏野溪溫泉最適合！先穿過小小的錦屏部落來到水泥鋪築的產業道路，道路就一直跟隨著錦梅溪，當遇上叉路開始，正式的步上溫泉的旅途。

隨著山路的一路爬升，四周的景致也變得完全不同，闊葉林中交雜著針葉林，顯現出中海拔的特色。這段道路上有時路況較差，路幅也較小，須小心會車，當道路不再往上時，搭乘一般房車的遊客最好開始找尋停車之處，因為接下來的路況不是轎車所能應付，從這裡往溪谷大約步行半小時左右。

至於四輪傳動的車子還可以繼續往下，首先碰到的第一難關，是兩個之字型的陡坡，考驗駕駛人的技術，還好有經驗的熟客熱心指導，以不迴轉的方式利用多餘的空間，車子先前進再後退至第二彎

口，如此車子不需要調頭就能繼續前行。別高興的太早！在過去不遠的U型彎道不見水泥路面，路中凹陷的大洞，讓車身傾斜嚴重，一不注意就會翻車，此後的路面凹凸不平，碎石夾雜著石塊，在在都要小心翼翼，若不想冒險可在大石壁旁的空地停車。從這裡只剩下約8分鐘的路程，膽大一點的駕駛，憑藉著經驗一路開到溫泉旁的空地，讓人豔羨不已！

當遊客看見溪旁的小屋時，溫泉已在不遠之處。最早小錦屏溫泉以水泥圍成數個池子，目前僅剩下一個池子較為完整，泉源也較穩定。溫泉池的上方搭建了屋棚，遮去不少光線，興建的主因在於安全的考量，緊臨著山壁的溫泉池，時有落石飛落，不得不多加一層防護。溫泉池頗深，以幾根大樹幹架在池底，方便泡湯客坐立，入池前還可以在旁邊的平地沖洗。

可容納十數人的溫泉池，溫度不高，即使泡再久也不會心跳加速、頭暈目眩，不少人一泡再泡，泡它千遍也不厭倦，加上此處的溫泉療效甚多，常有人一星期來個幾次呢！也多虧了這些常客，維護溫泉環境不遺餘力，才能常保溫泉品質，吸引玩家上門。聽聞大清早時，常有猿猴在溪旁樹梢嬉鬧玩耍，讓這個寧靜的早晨開始熱鬧起來。

另外一項最讓人讚賞的就是清澈的溪流了！即使不為溫泉，也有人專為這山光水色而來，溫泉前方的溪水，以石塊圍起，形成一個淺淺的攔沙壩，水流平緩清澈見底，不論浸泡或是戲水皆宜，幾顆大石也讓人方便依靠，讓人流連忘返，來回於溫泉之間。

前往小錦屏溫泉的路程多了些挑戰，使得到訪的遊客印象深刻，而久泡不膩的溫泉也讓人回味再三，要試試嗎？準備好車輛或是強健的腳力。

◎注意事項

＊一般轎車停放車輛時，請預留汽車通道，並注意停放地點的安全性。

＊充滿碎石的道路，行走其間放慢腳步，最好穿著平底防滑的鞋子。

＊天雨路滑，車輛不宜行駛後段土石路，最好採步行至溫泉處。

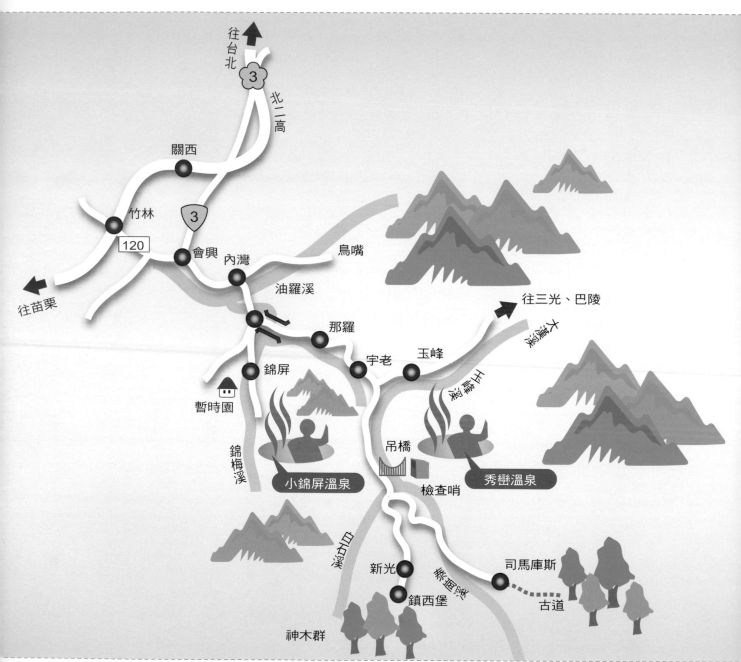

往台北

關西

北二高

3

竹林

120

3

會興

內灣

往苗栗

鳥嘴

油羅溪

那羅

往三光、巴陵

大漢溪

玉峰

宇老

玉峰溪

暫時園

錦屏

錦梅溪

吊橋

小錦屏溫泉

秀巒溫泉

檢查哨

白石溪

新光

鎮西堡

縣道溪

司馬庫斯

古道

神木群

怎麼去

內灣 → 尖石 → 錦屏大橋前 → 岔路左側下坡 → 錦屏部落 → 岔路取左上坡  → 第二岔路取右  → 一般轎車停車處 → 之字險坡  → 小錦屏溫泉

開車族：

北二高竹林交流道下，沿120縣道經橫山至尖石右轉尖石大橋，在錦屏大橋前，直行取左側下坡路往錦屏部落，穿過部落續往產業道路前行，直至路況轉壞停車，步行前往即可抵溫泉處。

搭車族：

可於新竹縣竹東搭乘新竹客運（03-5225151）到達內灣或尖石，再包車前往，要注意公車一天班次不多，時間須掌控。

小錦屏溫泉細部圖

往尖石

亞山

暫時國

錦梅溪

第1岔路口

上坡

第2岔路口

私人土地

車輛停放處

下坡

大石壁

土石路面　損壞路面的開始

順道一遊

客家情濃的鐵道小鎮——內灣

　　內灣聚落的形成，起因是林產礦業興起鐵路通行至此，帶來依靠產業維生的群眾，客家人與原住民的聚集發展出獨特的小鎮文化。近年來鐵道旅遊的熱潮，使得這裡成了非常熱門的旅遊勝地，大大小小的商店林立，從街頭走到街尾，讓人目不暇給。其中深具代表性的內灣戲院，在業者的整修後展現古物新用的巧思，遊客可在懷舊的電影院中品嚐精緻的客家美食，在50年代的雜貨鋪中找尋童年的回憶。

　　若想在寧靜點空間享用餐飲，可過內灣大橋，到對岸挑選一家自己喜愛風格的咖啡館與餐廳，消磨一下午，也是一大享受，或是走走內灣吊橋，觀賞油羅溪谷的景致。

農特產大道的118線道

　　118線道上的新埔也是個富含客家文化的小鎮，最早於清乾隆年間，由官方出面開發，因為當時為一處新開發的埔地，所以名為「新埔」。除了四處座落的古蹟外，還有一項相當有名的特產——柿餅，當地因而將產業與文化結合在每年的9月至11月間推出「柿餅文化節」。

　　許多產地的柿子都運送至此地加工，原因是9月起台灣吹起東北季風，在進入台灣海峽狹窄處時風速加快，所以新竹與澎湖的風特別大，尤其越接近多天風越大，季風大約在九九重陽節前後發生，先民稱之為「九降風」，也因為風大雨量少，特別適合柿餅、米粉、貢丸等加工，造就這些特產好吃又出名的條件。

此外，靠近關西的沿路上，冬季草莓園四處可見採果的人潮，當中頗富盛名的亞森觀光農園，除了栽培有機蔬果外，各個品種的玫瑰花也吸引遊客賞花，感受一下最浪漫的風情。另外各型各色的番茄，也是非常搶手的特產，採取溫室栽培的番茄，不僅肉質細緻色澤飽滿，也含有最豐富的維生素，是現代人最佳的養生天然食品，行經此處時，不妨停留帶些特產回家分享給親朋好友。

周邊食宿

位於小錦屏溫泉最近的食宿點，當屬「暫時園」，最特別的是要到暫時園，須先過河到對岸，屋子的四周裝設不少平台，視野極佳。房間數不多的暫時園，讓遊客擁有最寬闊的活動空間，假日住宿常常供不應求，須提早預定，餐廳則提供合菜服務，會依人數做適當的調配，還有房客可請老闆帶路前往溫泉是項貼心的服務。

此外，錦屏村中目前已有幾家溫泉館，其中亞山溫泉民宿提供民宿與泡湯設施，是較早在這兒開發的溫泉業者，若是不想住宿村中，也可前往內灣，不論是吃食或是住宿都很方便，也可體驗客家小鎮的風情。

★暫時園
地址：新竹縣尖石鄉梅花村10鄰118號
電話：03-548-1812

★亞山溫泉民宿
地址：新竹縣尖石鄉錦屏村4鄰錦屏33-1號
電話：03-584-1533

★天然谷休閒農場
地址：新竹縣尖石鄉錦屏村天然谷6-1號
電話：03-584-2246

旅遊資訊

★尖石鄉公所／電話：03-584-1001
★內灣戲院人文客家菜館／電話：03-584-9260
★喜嵐田園／電話：03-584-1845
★鼎豐香草美食館／電話：03-584-1730
★Vanilla sky／電話：03-584-2181（官夫婦）

▲ 暫時園

逐漸消逝的野溪溫泉 **谷關溫泉**

向以溫泉聞名的谷關，
別以為只有溫泉飯店才能泡湯，
在谷關大橋旁的溪谷中，也有自然湧出的野溪溫泉，
不過近年來溫泉業者過度的開發，
使得這處野溪溫泉不太穩定，極可能逐漸消逝。

來去谷關溫泉

☆大眾級野溪溫泉

位置：台中縣和平鄉

泉質：碳酸氫鈉泉（弱鹼性）

溫度：約45℃～75℃

療效：慢性關節炎、神經痛、
      皮膚病、腸胃病

地質：變質岩

水系：大甲溪

步行時間：5分鐘

設施：私人盥洗室、露營場

從中橫公路往東的方向，在谷關之後景觀明顯的變化，峽谷中的大甲溪河床縮窄，兩側的山壁高聳，難怪被稱為中橫第一關。從日治時期發現溫泉以來，這裡便成為溫泉重鎮，來往的遊客絡繹不絕，只為享受優質的溫泉，形成中橫上重要的驛站。

找尋這處野溪溫泉，還著實費了一番工夫，沒有任何的標示牌，也沒有明顯的標的物，頗像無頭蒼蠅四處亂飛，差點無功而返，最後在常客的指引下，恍然大悟！原來在開始過河的溪旁，以擋土牆圍起的河床上頭，果然在涉過溪水後，看見人為的痕跡，水色也明顯的不同。

在溫泉井附近，成堆的砂石堆滿河床，有人帶來鏟子把河底挖深，再用石塊圍成溫泉池，池中呈現淡淡的乳色，也比一旁的溪水暖些，不過此時池子裡的溫度只是微

溫而已，還不足以浸泡身子，只好撩起褲管泡泡腳了。據碰到的常客表示，晚間才較多遊客前來此處泡湯，只須瞧瞧河岸邊，手電筒閃爍的光線，就能輕易找到這裡。非假日時，湧入谷關的遊客較假日少，溫泉井的用量也就大為減少，野溪溫泉的溫度大幅上升，才能舒適的泡個好湯。

至於，吊橋對岸，業者開發大眾溫泉池，在門票中已包括泡湯費用，也可以前往泡湯，最裡頭的平台是露營場，假日時，這裡擠滿了遊客，車子一停，就能在一旁搭起帳篷野炊，十分的便利，不少遊客利用地利之便一天多次前去溫泉池，泡個過癮！

此次探訪，還算幸運找到野溪溫泉，但是心中藏著疑慮，是否有天溪中不再挖挖就出現溫泉呢？到時遊客只能抱著遺憾的心情，在附近的溫泉飯店享受泡湯了！

◎注意事項

* 谷關野溪溫泉地處屬私人用地，須購票入內。

* 谷關溫泉館林立，假日泉量抽取過度，溪邊湧出溫泉不足，最好選擇非假日前往泡湯，才不會失望而歸。

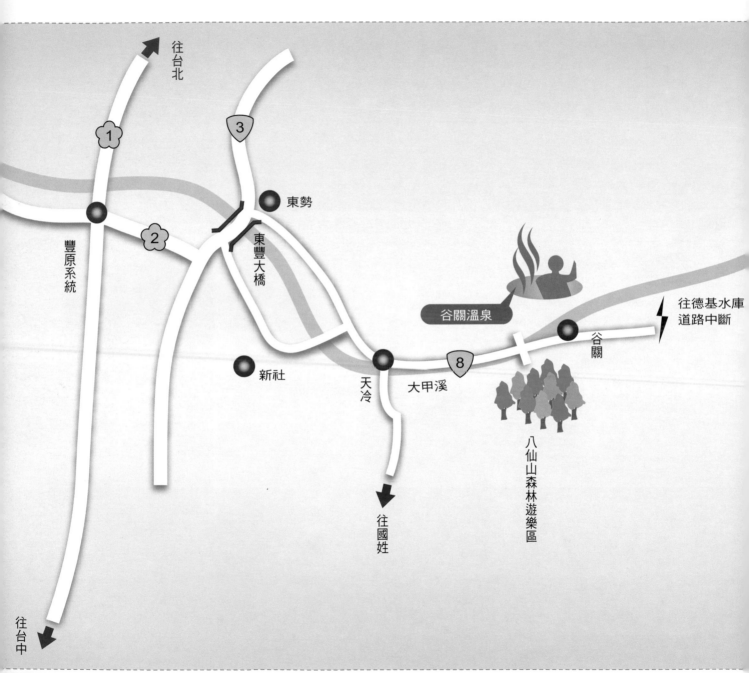

往台北

往台中

豐原系統

往德基水庫
道路中斷

往國姓

③

①

②

⑧

東勢

東豐大橋

新社

天冷

大甲溪

谷關溫泉

谷關

八仙山森林遊樂區

怎麼去

東勢 → 中橫公路 → 谷關 → 谷關大橋 **1** → 神駒谷露營場 → 吊橋 **2** → 涉水 **3** → 谷關溫泉 **4**

開車族：

由中山高豐原系統交流道轉國道4號往東勢方向，接台三線過東豐大橋右轉台8線中橫公路，至谷關市街往左側經谷關大橋，於橋頭右轉進入神駒谷露營場，往下約100公尺處停車，或過河至對岸露營地停放，接著步行約5分鐘即達。

搭車族：

可於台中火車站搭豐原客運（04-2287-4895台中站）往谷關，於總站下車後步行至谷關大橋，後續請參照上述。

谷關溫泉細部圖

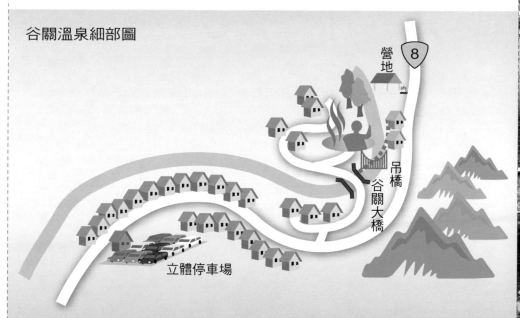

營地

吊橋

谷關大橋

立體停車場

# 順道一遊

森林浴場──八仙山森林遊樂區

　　八仙山原是日據時期本省三大林場之一，供應珍貴的樹種，當時為了運送木材還在佳保台鋪設森林鐵路至豐原，民國50年時停採林木，拆除了鐵道與索道，只留下運轉作業的鐵路遺跡尚能尋覓，目前規劃成低海拔中最佳的森林浴場，步道兩旁皆是整齊的竹林與人造林木，杉木搭建而成的原木棧道，走來輕鬆，循著指標可自行前往各據點，包括八景紀念碑、植物標本園區、人工瀑布、合流景觀、觀景台、孟宗竹林、靜海寺等，在九二一後有部份損毀，已重建新風貌。另外，八仙山也是中部地區極佳的賞鳥區，漫步在森林中，暖暖的陽光灑落，微風吹拂，聆聽蟲鳴鳥叫的自然原音，步道上不同風格的涼亭，也讓遊客多了休憩賞景之處。

新興休閒庭園咖啡之鄉──新社

　　在新社，兩個年輕女子為實現夢想的創業傳奇持續發燒，整個新社成了中部戶外休閒的好去處，以薰衣草為主的薰衣草森林成功的創造出山中的香草世界，生活中難得的田園風情，在這兒找得到，處處充滿了香氛氣息，原本種植檳榔樹的山丘成了香草花田，繽紛的紫色無所不在，同時各個主題區皆有不同的特色與性質，深獲到訪遊客的喜愛，難怪一車接一車的往山裡去。

周邊食宿

　　谷關風景區內食宿無慮，不論想吃中西式餐點或是山產野菜甚至是原住民風味餐，都能在此地找到，市街上熱鬧滾滾，充滿生氣。至於住宿也很多元化，有高級的溫泉大飯店，也有簡單的民宿，也不怕沒地方露營。另外從台電巷往馬崙山方向的瓦浪休閒農園，將本地泰雅美食精緻化，並搭配各式咖啡飲料，頗吸引年輕族群，此地位於谷關的高處，每當夕陽西下，落日餘暉映照在迴廊之中，美不勝收！

★神駒谷露營場
地址：台中縣和平鄉博愛村堰堤巷16號
電話：04-2595-1345
設施：大眾泡湯池、露營場、養鱒場

★瓦浪休閒農園
地址：台中縣和平鄉博愛村上谷關台電巷124-5號
電話：04-2595-1263

★皇家木屋山莊
地址：台中縣和平鄉東關路1段溫泉巷9號
電話：04-2595-1177
設施：露天溫泉／SPA、美式木屋
網址：royal.citylife.com.tw

★薰衣草森林
地址：台中縣新社鄉中和村中興街20號
電話：04-2593-1066

旅遊資訊

★國家森林遊樂區
網址：recreate.forest.gov.tw/default.php

★八仙山森林遊樂區遊客中心
電話：04-2595-1214

到谷關不喝五葉松汁，就像到谷關不洗溫泉一樣。以五葉松加上檸檬再加上蜂蜜調製而成，含豐富的維生素A、C，還能淨化血液，可預防高血壓、脂肪酸。酸甜的滋味，可一杯再一杯。

▲ 瓦浪休閒農園

熱帶雨林的秘湯

太魯灣溫泉

順著太魯灣溪一路往上，
處處充滿驚喜，
熱帶雨林的風貌讓這條小溪饒富原始野趣，
腳底踩著不是冰冷的溪水，
而是混著溫泉一路流下的暖流。

來去太魯灣溫泉

☆大眾級野溪溫泉

位置：	南投縣仁愛鄉
泉質：	碳酸氫鈉泉（弱鹼性）
溫度：	約45℃～65℃
療效：	滋潤皮膚、促進血液循環、神經痛、風溼
地質：	變質岩
水系：	太魯灣溪＞濁水溪
步行時間：	5～30分鐘
設施：	無

太魯灣溫泉在當地也被稱為德魯灣溫泉，差異起因為泰雅語的音譯關係。穿過了春陽村中的房舍，從公路「櫻山莊教會招待所」的招牌下切產業道路到溪谷，兩旁櫻樹夾道，每到櫻花季，成為最佳的代言人。這段道路時好時壞，一般轎車開慢點還是能行駛到溪谷，目前村中已爭取經費，預計不久就能修築，方便遊客到訪。

山谷中潺潺奔流的河川是濁水溪，寬廣的河面，橫跨了才完工不久的新橋「太魯灣橋」，幾次的大水把舊橋損壞，為了安全上的考量，將新橋架高建築，也修築堤防，因此早些四驅車還能開至河床，目前已行不通了！靠近對岸橋頭的山邊，有一處野溪溫泉為「春陽溫泉」，不過原有的溫泉池被砂石蓋住了大半，能夠浸泡的範圍不多，而河岸上平坦的沙地，常是遊客露營的好地方。

車子再繼續往前，不遠處就是步行的起點，太魯灣溪沿著小山谷注入濁水溪，兩者的景致大大的不同，有業者從源頭接管至對岸，因此溪邊沿線看得到水管，前往「太魯灣溫泉」可從小溪下游溯往全上游，溪邊的山谷多為原始的闊葉林。深秋時還能瞧見楓紅呢，有時須涉過淺淺的太魯灣溪，居然發現溪水不是冰冷的，而是微帶暖意的溫水，遇上了阻礙無法直接往前，可從山坡的小徑高繞再切回岸邊。

才沒多遠就發現第一個溫泉處，大約可容納三人同時浸泡，往左一瞧又有一處，往前又看到一池，這一連串的驚喜讓心中直想真是超讚的野溪溫泉！沒想到令人驚喜的還不只這些，隨著陽光穿過綠葉撒落溪谷，水面處處瀰漫著輕

煙，此時此刻恍若人間仙境。越往上游，溫泉池的型態也不盡相似，其中有棵巨木倒臥溪面，恰巧在溫泉池上方，這池的深度可讓人坐在池底浸泡到胸前，溫度也不會太熱，因此人氣頗佳。

走到一處小瀑布時，看到有遊客利用瀑布的衝力在做SPA，難道這也是溫泉嗎？用手探試了一下，別懷疑！真的是溫泉，溫度還不低，原來瀑布上頭就是源頭了，為了一探究竟，繞上去瞧瞧，有個池子以水泥控起溫泉池，清澈見底，溫度高達60度以上，若要浸泡可得加入冷泉，河床上四周有水管牽往下游，代表源頭到了，帶領的劉村長表示，遊客大多至此停留不再往前。

第一次來的遊客，可能不曉得要前進到何處才停留，其實沿線的溫泉不少，可考慮自己與同伴的體力來決定，不一定是要走到盡頭才最好，隨性不強求的態度才能玩得盡興！

◎注意事項

＊太魯灣溫泉無一定路徑，可跟隨著管線前行，才不致迷失方向。

＊天雨路滑，小心腳步。

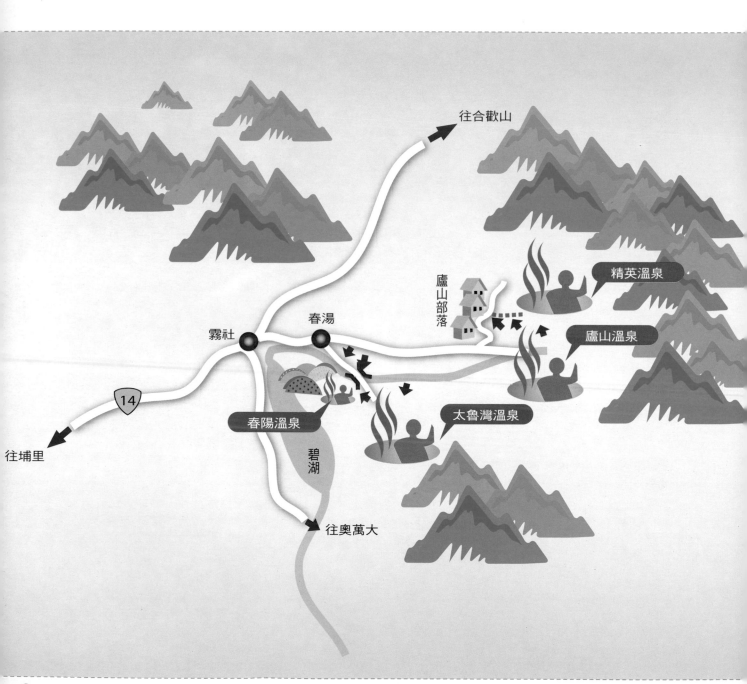

🚌 怎麼去

埔里 → 台14線公路 → 霧社 → 春陽部落 → 84.6K岔路 → 右側下坡  → 太魯灣橋 2 → 三岔路口停車 3 → 太魯灣溪溯源 4 → 太魯灣溫泉

開車族：

由中二高草屯交流道下往埔里方向，過霧社後續往廬山，在公路84.6K處取右側岔路下坡至溪谷，過太魯灣橋前行，於三岔路口停車，接著沿太魯灣溪步行約30分鐘即達最源頭。

搭車族：

可於埔里搭南投客運（049-298-4031）往廬山，於台大農場站下車，後段無公共汽車通抵，須步行至溫泉處。

德魯灣溫泉細部圖

往廬山
春陽
84.6K
霧社
春湯民宿
教會接待所
春陽溫泉
濁水溪
太魯灣溫泉

順道一遊

春陽部落泰雅風情

　　被群山環繞的春陽部落，世代居住著泰雅賽德克族（Sedeq），到廬山溫泉的遊客往往匆匆而過，若是細心點，會發現這裡有不少可觀之處，就像他的名字如春天中的陽光，溫暖柔媚。

　　在賽德克族裡，女子的社會地位是依編織技術來判定，因此老一輩的婦女都會編織布疋，她們以苧麻搓揉呈線染色，排列於織布機上，織出美麗的花紋布。如今這項技巧，除了運用在傳統服飾外，也轉變成提袋、帽子、掛飾，成為頗受歡迎的原住民工藝，為了開創部落的經濟來源，也讓遊客了解到編織藝術，村中成立不少編織工作室，大多是春陽的媽媽們來主持，當您來到村中時，別忘了參觀她們的工作室，有時現場還能看到傳統的織布技法。

櫻花朵朵的霧社

　　要進入春陽之前，霧社是必經之地，也是山上各風景點的中繼站，因常有山嵐霧氣圍繞，而命名為霧社。早春時節，霧社的道路兩旁與山坡上，櫻花朵朵綻放，也帶來新春的氣息，這裡除了是南投仁愛鄉的行政中心外，也是抗日歷史事件中重要現場，想知道故事的源由嗎？可前往霧社公園的抗日紀念碑中去找尋蛛絲馬跡。

　　若想參與本地原住民的盛會，不妨注意霧社文化季舉辦的時間，屆時仁愛鄉裡的各部落傳統服盛裝打扮，載歌載舞，同時還有傳統競技比賽，農特產市集，熱鬧非凡，既新鮮又有趣。

碧波萬頃綠映蕩漾

　　位於霧社前方山腳的碧湖，其實就是萬大水庫，形狀頗似一條龍盤旋山中，碧湖面積達五平方公里，從萬大部落北側到春陽的下方，幽幽的碧綠湖面，時而飄起的薄霧，宛若掩起的面紗。若想要有較好的視野欣賞碧湖，可於霧社往清境農場的半路上，幾處展望不錯的平台停留，而一旁的行動咖啡館，也讓賞景多些休閒的氣氛。

周邊食宿

　　由於春陽部落位於往廬山溫泉的通道上，也逐漸發展出部落特有的文化，因此興起的民宿不少，經營形態大致相同，多少也供應餐飲，從第一班分散至第四班，沿途都有明顯的標示。其中位於84K的「春陽民宿」是公路上離溫泉最接近的民宿，從民宿的平台上可觀日出，也能清楚的俯視濁水溪溪谷，太魯灣橋與對山的農園清晰可見。夜晚，滿天星斗為伍，到露天的平台上觀星最適合不過了。另外在太魯灣橋頭的「櫻山莊教會招待所」離溫泉最近，以竹子裝飾外觀，搭建紅色屋頂甚為醒目，而在山上的山居休閒農莊則離清境農場較近，可眺望春陽部落與碧湖風光，遊客可依自己的喜好來選擇住宿點。

★春陽民宿
地址：南投縣仁愛鄉春陽村
　　　虎門巷61之1號
電話：049-280-2852

★櫻山莊教會招待所
地址：南投縣仁愛鄉春陽村
電話：049-280-1007.280-3107

★山居休閒農莊
地址：南投縣仁愛鄉春陽村龍山巷3鄰67號
電話：049-280-1080

旅遊資訊
★南投縣仁愛鄉公所
電話：049-280-2534

★南投旅遊網
網址：travel.nantou.com.tw

★南投資訊網
網址：www.nantou.com.tw

精英溫泉

與廬山溫泉相隔不遠的精英溫泉，
以截然不同的溫泉風情，吸引喜好大自然的遊客，
美麗的山景與豐沛的泉源，
讓人不由自主地愛上它！

來去精英溫泉

☆大眾級野溪溫泉

位置：南投縣仁愛鄉

泉質：碳酸氫鈉泉

溫度：約45℃～70℃

療效：補血益氣

地質：變質岩

水系：塔羅灣溪＞濁水溪

步行時間：3分鐘

設施：無

　　車子在過了雲龍橋之後，公路分為兩條叉路，往下即是著名的盧山溫泉，若是前往精英溫泉則取上坡的路徑至盧山部落精英村，一路順暢的爬升至民宅聚集的村內，在右側一條標示往卡布地的叉路，即是通往精英溫泉的入口，從這裡開始約3公里的路程才能到達溫泉處。

　　一開始是水泥路面的產業道路，一小段起伏，時為土石路面，不過都還算平坦。這一帶幾乎都是茶園，在過了馬藍民宿之後，開始較陡峭的下坡路段，由於溪谷進行工程，讓這段先前修整過的道路時好時壞，碰上水泥路面還好，遇上土石路面時，就需要放慢車速前進，直到溪谷的河床邊才停車。水面以大石塊堆砌的攔沙壩，方便遊客踩踏至對岸，有些四驅車直接開過河，停放在對岸的沙地上，不過在觀察河床後，建議除非車輛進氣口經過改裝，最好還是不要將車輛開過河。

河床上一池池的溫泉，有大有小，大者可容納十人以上浸泡，小者約三人，多數皆以石塊沙子圍起，最容易發現的是靠近渡河口附近的溫泉。仔細瞧瞧泉源的出水口，有些是從上頭接管讓溫泉直接流到溪邊池中，有些是源頭就在池旁，溫度較高。往上察看管線從何處接水，原來上頭有數個源頭，溫度都很高，不適合直接浸泡，先讓溫泉流入儲存池中，再挖溝渠，讓溫泉順著渠道流入溪邊的池中，如此可方便調整池水溫度，也可讓湧泉較少的源頭一起匯入溫泉池中。

在這裡泡溫泉最大的好處是「不用搶」！數個溫泉池，大大小小，讓每個遊客見者有份，難怪假日時不少遊客湧入此地；最上方的平台，有個廣大的沙地適合紮營，欣賞山中的美景，當山邊的楓葉飄落在地面，也讓泡湯增添幾許情意。

◎注意事項

＊通往精英溫泉的產業道路，遇雨溼滑泥濘不堪，建議不要貿然前往。

＊駕駛一般房車的遊客，建議停放在馬藍民宿附近的空地，再步行下溪谷為宜。

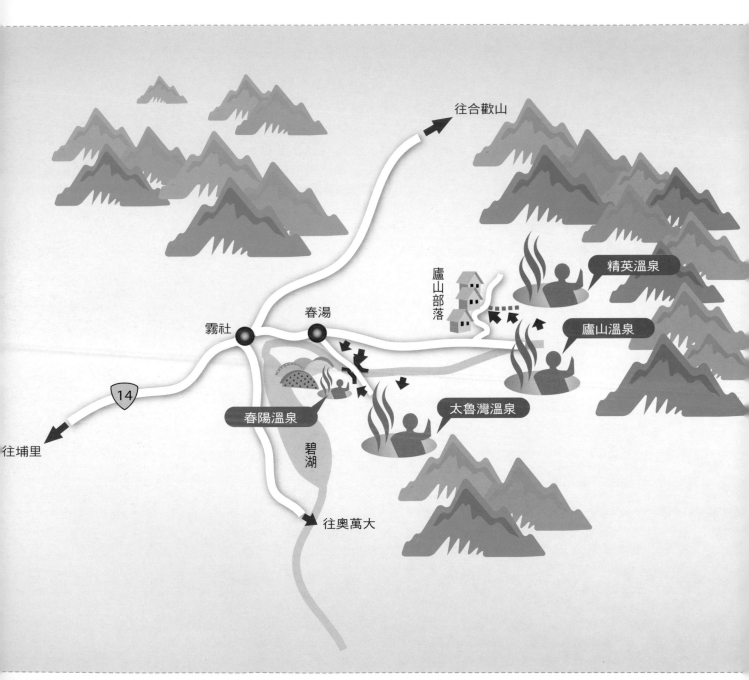

往合歡山

精英溫泉

盧山部落

盧山溫泉

霧社　　春湯

太魯灣溫泉

14

往埔里

春陽溫泉

碧湖

往奧萬大

怎麼去

埔里 → 台14線公路 → 霧社 → 廬山部落 → 卡布地岔路**1** → 右側下坡 → 廬山國小後方**2** → 馬藍民宿**3** → 塔羅灣溪停車**4** → 涉溪 → 精英溫泉

開車族：

由中二高草屯交流道下往埔里方向，過霧社後續往廬山部落，在標示卡布地岔路取右側岔路下坡，中間經馬藍民宿至溪谷，可於溪邊停車或過塔羅灣溪循空地停車，溫泉分散在河床。

搭車族：

可於埔里搭南投客運（049-298-4031）往廬山部落，於廬山國小下車，後段無公共汽車通抵，須步行至溫泉處。

精英溫泉細部圖

派出所
廬山國小
濁水溪
下坡
精英溫泉
龍雲大橋
塔羅灣溪
盧山溫泉
往霧社

順道一遊

好山好水的埔里山城

　　埔里，進入高山前的樞紐，向以好山好水著稱，有著4W的美名─氣候、水、酒、美女，也讓這裡的產業打開知名度暢銷到各地。

　　位於市鎮中心旁的廣興紙廠，就充分的利用埔里的美泉製作出一張張好紙，廠中的導覽員可帶著遊客走一趟紙的製程，還可以DIY手工紙、拓印，親子同樂，是個充滿知性的行程；另外，街上的埔里酒廠以紹興酒聞名，目前酒廠以觀光休閒化為走向，讓此地成為熱門的旅遊景點，其中以紹興酒加工的副產品甚受遊客的青睞，紹興冰棒、紹興鳳爪、不老蛋等，風味獨特，值得一試，也使得有句話說：來到此地的遊客沒到這裡，就不算來過埔里！

　　另外，一處處的苗圃與花卉中心位在往霧社的途中，台一生態教育農園是其中規模較大的苗圃，最早台一以培育蔬菜、花卉、種苗為主，近年來發展成精緻的農業，結合花卉產銷與觀光，吸引年輕人投入，使得埔里農村更加的欣欣向榮。

　　從埔里台14線公路一路往上，不少讓遊客停留駐足之處──霧社、清境、合歡山，不論是地方產業文化，或是自然美景，讓這一帶成為串連性的旅遊勝地，出門前好好的規劃，必能玩得盡興。

周邊食宿

　　精英村經營民宿的店家並不多，位於村中茶園山丘上的「譜瓦崙民宿」，以四棟面山的小木屋提供給遊客住宿。初春時，庭園中櫻花盛開，讓客人流連忘返，櫻花樹下裝設了木桌椅，可坐在此處眺望遠處的能高山脈，若想知道這個被喻爲台灣最美的山脈，老闆可安排走一段能高古道；另外，民宿也提供往精英溫泉的交通，是滿貼心的服務，晚間，女主人精心設計的風味餐，也讓房客吃得津津有味。

　　由於精英溫泉與廬山溫泉頗爲接近，也可選擇在廬山溫泉住宿，此處的溫泉飯店林立，大大小小的旅館皆有，吃食上也無慮，適合喜歡熱鬧便利的遊客。

★譜瓦崙民宿
地址：南投縣仁愛鄉精英村富貴路5-3號
電話：049-297-0483.0918-486516
設施：小木屋、咖啡亭、石板烤肉

★碧綠大飯店
地址：南投縣仁愛鄉精英村榮華巷60號
電話：049-280-2387
設施：水療館、泡沫池、露天溫泉池、烤箱、
　　　咖啡廳、餐廳、住宿套房

★玉池溫泉館
地址：南投縣仁愛鄉精英村榮華巷25-1號
電話：049-280-2290
設施：日式泡湯池、庭園小屋、餐飲

旅遊資訊
★南投縣仁愛鄉公所
電話：049-280-2534

★南投旅遊網
網址：travel.nantou.com.tw

★南投資訊網
網址：www.nantou.com.tw

楓紅層層的鄉野溫泉 # 紅香溫泉

紅香溫泉隱身於蒼翠的山林中，
每到深秋四周的山谷楓紅層層，
贏得紅香的美名，最近紅香溫泉將改頭換面，
讓久違的遊客大吃一驚！

來去紅香溫泉

☆大眾級野溪溫泉

位置：南投縣仁愛鄉

泉質：碳酸氫鈉泉

溫度：約45℃～60℃

療效：慢性婦女病、筋骨酸痛、
　　　皮膚病

地質：變質岩

水系：北港溪

步行時間：1分鐘

設施：男、女溫泉池，石砌公共
　　　露天溫泉池

通往梨山的力行產業道路，一直都是當地原住民部落重要的交通道路，在九二一之後更替代了中橫中斷的交通，也因此越來越多人知道紅香與瑞岩溫泉。

若要前往紅香溫泉，須約在道路的22K處彎入紅香部落，首先遇到水泥路面以之字形往下，到達溪谷後又一路緩坡往村中，沿路可見茶園與果園，兩者是部落重要的經濟作物，在經過山莊民宿後，進入紅香部落，此處分為兩路，一條繞過村子到溫泉，一條穿過村中紅香國小再沿著溪邊道路到溫泉。

過了小橋，紅香溫泉就在路旁，此次探訪發現有了新設施，原來鄉公所有鑑於原有的露天溫泉池，環境不佳，簡易搭設的溫泉澡堂，也過於簡陋不堪，因此投入經費重建溫泉，目前已完工的有溫泉溝渠與露天溫泉池，露天溫泉池位於原澡堂的前方，以溪石鋪設池

面，溫泉由假山流入池中，遊客可坐在溫泉池邊的階梯上泡個舒適的溫泉浴，至於澡堂部份也即將動工，拆除原先搭建的鐵皮木板，以自然的素材重建圍籬，屆時這裡將會出現新的風貌，讓遊客擁有舒適的泡湯品質。

紅香溫泉從溪旁的山壁湧出，無色無味，為保持溫泉不受污染，鄉公所已將源頭砌成小池儲存，再順著岩石築成的溝渠流到溫泉池中。果真，觀察男女溫泉池中的溫泉，沒有汙泥的污染，清澈見底。在這裡泡湯多份隱密性，原本可全裸浸泡，不過此次見著門不見了，女性還是謹慎點不要一個人浸泡；至於在空地上原有的露天溫泉，可作為觀察、嬉戲之用。

▼ 紅香部落

99

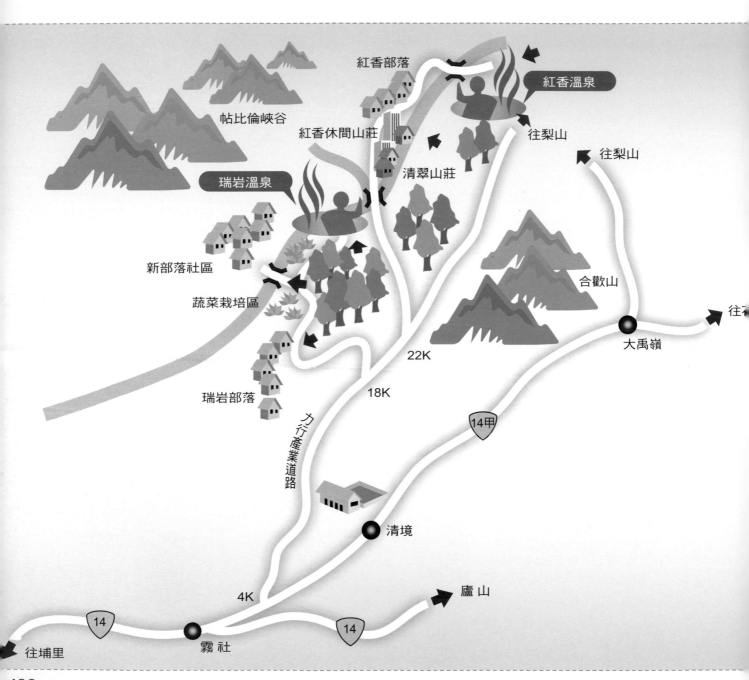

紅香部落

紅香溫泉

帖比倫峽谷

紅香休間山莊

往梨山

往梨山

清翠山莊

瑞岩溫泉

新部落社區

合歡山

蔬菜栽培區

往㈲

大禹嶺

22K

瑞岩部落

18K

力行產業道路

14甲

清境

4K

廬山

14

14

往埔里

霧社

![怎麼去] 怎麼去

埔里 → 霧社 → 台14甲線 → 力行產業道路 → 22K左岔路下坡
→ 紅香部落 → 小橋 → 紅香溫泉

開車族：
由中二高草屯交流道下往埔里方向，過霧社轉力行產業道路，於22K左
側叉路下坡往紅香部落，經紅香國小續往前，過小橋即見紅香溫泉。

搭車族：
可於埔里搭南投客運（049-298-4031）至霧社，後段無公共汽車通抵
紅香，可包車前往。

 # 順道一遊

世外桃源的梨山

　　處於梨山山上的福壽山農場，可由力行產業道路轉上華崗，再往農場中心，這段路程風光明媚、景色秀麗，尤其是從力行產業道路往上時，高度爬升，視野逐漸開闊，可眺望到山谷中的各個部落，沿路的高麗菜菜圃，欣欣向榮，也讓大地充滿生機。

　　有沒有試過在高山上露營？農場中的露營地設備齊全，四周的景色優美，在營地後的山頭可觀日出賞日落，難怪每到假日一位難求。要提醒遊客的是，山上的氣溫在入夜後驟降，若沒有較好的保暖裝備，還是不要嘗試這種過夜方式，曾經眼見睡在車中的遊客，半夜受不了寒冷，急忙開車下山避難。

　　每到九、十月時，粉色的大波斯菊花開滿農場山頭，與人齊高的花卉，在微風吹拂下搖曳生姿，讓人流連忘返。另外在遊客中心前的松廬與紀念碑附近的林園，有幾棵高大的楓樹，每當楓紅季節落葉撒滿一地，美不勝收。農場另有不少賞楓地點，如鴛鴦湖的環湖步道，鮮紅的橋樑橫跨了湖面，遊走其間會發現多種楓樹，入夜後這裡又展現出另一番風情，昏黃的燈光、清幽的步道適合情侶來此談心。

　　有如世外桃源的福壽山農場，適合悠閒的慢慢品味，來到這裡，不妨多停留一天，仔細的遊玩！

氣象萬千的合歡山

冬季時，當合歡山降下瑞雪吸引了大批的遊客蜂擁而至，其實合歡山的美不只在此時，在四季中都有不一樣的風情。季節的交替在合歡山上十分明顯，遊客從植物的變化就能觀出時節；春天，小巧的高山植物經過冬季的蟄伏後，紛紛開出小花，如玉山佛甲草、龍膽、玉山石竹 等；初夏，玉山杜鵑與紅毛杜鵑開滿了山腰，沿路走來一片又一片的粉色花叢，令人驚艷！夏季的高山草原景致，綠油油的與藍天對映，時而瞧見高山野百合；秋天，金黃色的高山芒花佈滿山區，特別低矮纖細的芒草是適應高山氣候所演化而來；冬季，當寒流帶來水氣，合歡山轉成銀色世界，潔白的雪讓人忍不住想在上面打起雪仗、堆起雪人來。

交通便利使得合歡山成為台灣最方便到達的高山，無光害的空間也是夜晚觀星最佳的場所，不少追星族專程上山觀星，夜空中的銀河清晰可見，令人讚嘆不已！

▲ 合歡山風情

周邊食宿

目前本地只有兩家山莊提供住宿，紅香休閒山莊是較早經營的業者，不少登山團體皆投宿於此，除了有小木屋套房外，另外還有通鋪、露營地、餐飲（須預約），山莊也推出主題行程，讓遊客能更深入了解紅香；另一家清翠山莊，剛裝修完成，以美式的木屋外觀吸引住遊客的目光，從二樓的陽台，可以清楚的觀看部落村莊的全貌，這裡餐點須自行準備，山莊提供場地烹煮。基本上，部落裡飲食不便，要計畫周詳再出門。

★紅香休閒山莊
地址：南投縣仁愛鄉發祥村仁盛路20號
電話：049-295-5067
設施：小木屋、通鋪、露營地

★清翠山莊
地址：南投縣仁愛鄉發祥村仁盛路21號
電話：049-295-5619.0928-955477
設施：小木屋、露營地（住宿須先預約）

旅遊資訊

★南投縣仁愛鄉公所
電話：049-280-2534

★南投旅遊網
網址：travel.nantou.com.tw

★南投資訊網
網址：www.nantou.com.tw

▲ 紅香休閒山莊

▲ 清翠山莊

陽光下閃爍的綠寶石溫泉

瑞岩溫泉

與紅香溫泉相距不遠的瑞岩溫泉，
同屬於北港溪的溫泉泉脈，
在暖暖的冬陽下，閃爍著有如綠寶石的色澤，
原始自然的溫泉吸引遊客到此泡湯賞景。

來去瑞岩溫泉

☆大眾級野溪溫泉

位置：	南投縣仁愛鄉
泉質：	碳酸氫鈉泉
溫度：	約40℃～65℃
療效：	筋肉酸痛、皮膚病
地質：	變質岩
水系：	北港溪
步行時間：	1分鐘
設施：	無

　　從力行產業道路轉入通往瑞岩部落的道路，一路蜿蜒而下，由上頭瞧見山腰上的小村莊，宛若空中之城。這個小小的部落，在九二一中受創嚴重，位於中心的國小整個損毀，小朋友只好在臨時教室裡上課，其他的民宅有的傾斜，有的逃過一劫。在重建新計畫中，整個村莊將遷往山下對岸的河階地，新學校已完工，小朋友下學期就能獲得較佳的學習環境，而新社區也會陸續的完成，所以道路上來來往往的大卡車不少，遊客要小心駕駛！

　　通往瑞岩溫泉不須穿過部落，可順著指標前行，車輛下到溪谷時，不要直行過橋，而是沿著右側的產業道路往前，穿過高冷蔬菜栽培區，當路徑兩側轉為與人齊高的雜草時，注意在左側空曠的沙地，將車子停放在空地上，往河岸邊走去，就能發現一處碧綠色的溫泉。

　　早先瑞岩溫泉旁還有一處公共浴池，不過受到震災，已損壞無法使用，現今存在的是溪邊圍起的溫泉池，從源頭冒出的溫泉，溫度頗

高無法直接浸泡，於是村民將溫泉引至溪邊，以溪水調節溫度，偌大的溫泉池，可容納眾多遊客浸泡。由於池底的泥沙容易受到動作影響而顯得混濁，因此入池要放輕腳步，免得攪起一陣混亂。為了解決這個令人討厭的問題，有經驗的遊客，準備一大張塑膠布，平鋪於凹池中，再把溫泉引入，就成了一個清爽舒適的泡湯池了，坐在溫泉池裡，可欣賞到遠處的吊橋，一旁潺潺的溪水奔流而下，充滿原始自然的趣味。

溫泉池的上方是一處寬闊平坦的沙地，不少遊客在此處紮營，越夜越熱鬧。據村長表示，紅香溫泉整建工程完成後，瑞岩溫泉將是下個重要的計畫標的，也會將河川一併納入整治。我們樂見旅遊的品質提升，但也希望完工後的面貌兼顧自然景觀，這將是建設中相互取得平衡重要的課題。

◎注意事項

＊通往瑞岩溫泉的產業道路，一般房車皆可直接開抵目的，不過有小段路面為土石，天雨路滑，要小心行駛。

 # 怎麼去

埔里 → 霧社 → 台14甲線 → 力行產業道路 → 18K左岔路下坡 → 瑞岩部落 → 右側岔路下坡  → 蔬菜園  → 右側岔路 → 工寮 → 沙地 → 瑞岩溫泉（地圖請參考第100頁）

開車族：

由中二高草屯交流道下往埔里方向，過霧社後轉往力行產業道路，於18K左側岔路下坡往瑞岩部落，於第一標示牌往右側叉路下坡，開抵蔬菜栽培區沿著右側道路續往前，經過工寮，左側大片砂石空地停車，往河岸走去即見瑞岩溫泉。

搭車族：

可於埔里搭南投客運（049-298-4031）至霧社，後段無公共汽車通抵瑞岩，可包車前往。
詳細地圖請見紅香溫泉。

順道一遊

　　由於瑞岩部落與紅香部落皆屬同條旅遊線，因此就不再多加詳述，但是村裡私房地，倒是可以介紹讓大家知道，位於溫泉相反方向的聖石，有著神話般的傳奇故事，錯綜複雜的路徑還需要靠當地的村民領路才能到達，更增加聖石的神祕色彩。從這裡可眺望對山的山凹，相傳那兒就是泰雅族的發源地，難怪這裡要被稱作發祥村。草坪中的巨石就是族人的聖石，早期有人想開發這裡，挖到一半就不斷的出事，消失的石塊又再重現，讓人百思不解。部落裡的建築以木製平房為多，樸實的外觀形似日式建築，計畫遷村後，將幾棟維護較好的木屋，開放成為民宿，屆時將多了一處富有特色的賣點，最高處的教堂為新建建築，視野極佳，可俯視山谷，看到新部落的全貌。

周邊食宿

　　瑞岩村中並無業者經營民宿，以露營為佳，位於溫泉附近則有一家長生溫泉山莊（0921-302880），可先以電話洽詢。另外在蔬菜栽培區中，有村民經營小吃店，供應餐飲，竹子裝飾的外觀，很吸引遊客的注目，主要有山產野菜，強調新鮮原味，愛唱歌的老闆，還裝設了卡拉OK，遊客可開懷高唱；瑞岩村中盛產豆苗，每到採收季，一籮籮的豆苗運到山下販售，甘甜鮮美的滋味頗受歡迎。除此之外，美生菜、高麗菜都是當地重要的作物，除了12月末到翌年2月的休耕期之外，其他時間都可以買到最新鮮的蔬菜。另外在教堂旁的追憶亭，則提供簡單的餐飲服務，竹子架構的亭子頗有韻味，滿適合在這裡喝茶，看看部落的景致，不過中間的時段休息可找不到老闆娘喔。

▲ 樹豆

▲ 部落小吃店

旅遊資訊

★南投縣仁愛鄉公所
電話：049-280-2534

★南投旅遊網
網址：travel.nantou.com.tw

★南投資訊網
網址：www.nantou.com.tw

▲ 採豆苗

洪荒世界中的黃金溫泉 **梵梵溫泉**

在礫石間循著溫泉漫過的金黃色痕跡，
來到梵梵溫泉，河道兩岸瀰漫著輕煙，
是東部最受車隊歡迎的野溪溫泉，
每到假日總是攜老扶幼參與泡湯的盛會。

來去梵梵溫泉

☆大眾級野溪溫泉

位置：宜蘭縣大同鄉

泉質：碳酸氫鈉泉（弱鹼性）

溫度：約45℃～65℃

療效：關節炎、皮膚病

地質：變質岩

水系：梵梵溪 ＞蘭陽溪

步行時間：10～15分鐘

設施：簡易更衣室

　　寬廣的蘭陽溪愈往山裡，景致變得完全不同，河面上佈滿了白茫茫的芒草，涓涓清流穿過其間，梵梵溪從英士村旁的山谷匯入其中。離此處不遠的梵梵溫泉，向來都是四驅車隊最喜愛的活動場地，不僅有天然野溪溫泉可泡，還能試試車子的性能。不過從今年開始為維護河床的生態。避免太多的遊客所帶來的混亂，在梵梵溪的河口設置了障礙，車輛不能再由河床進入梵梵溫泉。

　　不過別擔心，遊客從英士村步行到溫泉並不難，將車輛停放在國小後頭的停車場，往活動中心旁的小徑走去，路經綠林、堤防，依稀聽見淊淊的水聲，順著山路往河岸走去，不久視野變得豁然開朗。到達佈滿礫石的河床，越往上游走去，一條被染成的金黃色的水道，引起疑惑，怎麼與河中的溪水不一樣？這可是從上游溫泉流出的溫泉河喔！看見對岸的一處大石上標示溫泉300公尺，加快了腳步！

較佳，深度夠深，熱度也夠，有時還能感受到地底冒出的熱泉。另外在山邊岩壁上匯集了冷泉，急瀉而下形成了最佳的衝擊水柱。由於溫泉與溪水平行，以岩石打造出一條人工溝渠，讓不斷湧出的溫泉與冷泉順著水渠往下游流去，也能適時的引入冷水調溫，這真是一個不錯的構想。山壁上一塊塑膠帆布，是遊客自行製作的簡易更衣室，並不耐久，因此有人把鐵架設在河床上，只消幾個大浴巾一披，就成了最佳的更衣室。

記得第一次來此時，是從英士橋下的河口往裡走，沿著車子開出來的平坦石子路明顯好認，到達溫泉處才花了20幾分鐘。印象中靠左側的山壁與河床不斷湧出溫泉，有的池子熱得泡不住，而當中的溪水端急，就在旁邊造出一池將溫泉引入，與友人泡得十分盡興。之後，多次行經英士橋，不是因為大水掩埋了溫泉，就是半路遇上大雨撤退，而無法再次探訪溫泉而深覺可惜。

梵梵溫泉的景觀因佈滿的礫石而顯得有些蠻荒，人水造就河床中起伏的地形，遊客在泡湯之餘，不妨來個探險之旅，再往上走去，也許又能發現另個溫泉頭！

這次來訪，發覺梵梵溫泉變得更棒了！溫泉池換到右側的河床，也許是已經很久沒有大水沖毀溫泉地，因此溫泉漸漸整理的更完整。目前的溫泉池是用較大的石塊圍出來，溫泉帶沿著山壁周遭綿延了很長一段，有大有小，以中間的大池

◎注意事項

＊原先由英士橋旁下切河床，往梵梵溫泉的路徑已封閉，四驅車無法直接開抵，須步行進入。

＊注意天氣變化，如遇豪雨請即刻撤退，以免受困於河床中。

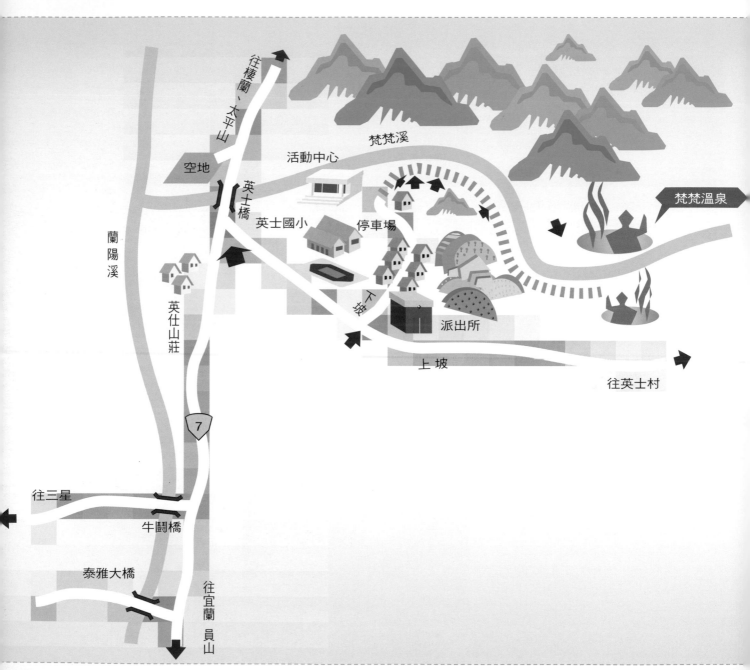

往棲蘭、太平山

空地

英士橋

活動中心

梵梵溪

梵梵溫泉

英士國小

停車場

蘭陽溪

英仕山莊

下坡

派出所

往英士村

上坡

7

往三星

牛鬥橋

泰雅大橋

往宜蘭 員山

🚌 怎麼去

宜蘭 → 台7線 → 英士橋 **1** → 英士村左岔路 **2** → 英士國小後停車 **3** → 小徑河床 **4** → 梵梵溫泉

開車族：
由北宜公路至宜蘭，過橋後右轉續往棲蘭方向，於英士橋前右轉進村中，在岔路往下至英士國小後空地處停車，沿著河床步行約10分鐘即達，或由北橫公路至棲蘭，後段與上述相同。

搭車族：
可於宜蘭車站搭宜興客運（03-960-0300）往巴陵或國光客運（0800-010138）往英士村，於英士橋站牌下車後步行至村中，後續請參照上述。

神木園 ▲

順道一遊

棲蘭神木園生態之旅

　　位於宜蘭縣大同鄉太平村境內的棲蘭森林遊樂區，佔地約1700公頃，海拔約400公尺高，在中橫宜蘭支線上與北橫東段相連，是前往太平山與梨山必經之地，可以住宿此地，起個大早享受森林中難得的悠閒時光，參觀遊樂區中花木觀賞區嬌豔的花卉，或是走走森林步道做個森淋浴。

　　除了森林遊樂區中的設施外，棲蘭與明池森林遊樂區規劃出一個神木園生態之旅，在1小時車程外100線林道上的神木園，擁有為數不少的巨木。其中51棵神木依其生存年代，而以歷史人物命名，這些巨木中除了鄭成功、朱熹、關羽、岳飛四棵為扁柏外，其餘均為紅檜，是台灣目前發現最多巨木群聚區。另外園中設置的步道方邊遊客串連參觀，當山嵐飄起，雲霧瀰漫於林間，整個情景猶如仙境，十分美麗。為保護這些巨木，遊客不可自行開車前往，一定要向保育處或棲蘭森林遊樂區及明池森林遊樂區申請，安排專車接送。

鳥類生態的天堂──長埤湖

長碑湖 ▲

　　三星鄉除了以蔥蒜、上將梨、銀柳出名外，在員山村山谷中有處終年不乾涸的湖泊，由於形狀為長方形而稱為「長埤湖」，湖泊四周環繞著亞熱帶次生林，茂密蒼鬱，寧靜幽雅。目前湖中飼養了兩隻黑天鵝與一群水鴨，仔細一看還出現鴛鴦呢，優游其間的水鳥，姿態

優雅，吸引不少遊客的目光。

　　三星鄉公所配合縣政府，將陸續開發長埤湖，成為一個重要的觀光據點，其規劃內容大致分為入口區、湖域活動區、渡假住宿區、露營野炊區、觀光茶園區、觀光果園區、體能活動區、及健行賞景區等，屆時將成為宜蘭縣中最具優勢的休憩點。

▲ 英仕山莊

周邊食宿

　　英士村中只有間雜貨鋪，並無供應小吃，最近的食宿點位於93K的英仕山莊，不過目前在重建餐廳，小木屋的部份則照常營業。山莊除了提供住宿外，也規劃出一些體驗活動，遊客可坐上拖曳車牽引的遊園車繞行蘭陽溪河床，也可以前往梵梵溫泉泡湯。附近的棲蘭森林遊樂區則適合住宿的遊客前往。另外在玉蘭村則有多家茶園提供民宿，過了牛鬥橋，三星的這端有家新建好的民宿「牛鬥虹鱒休閒農莊」，以建築設計風格吸引了過往的遊客，設施質感頗佳，可遠望蘭陽溪的風光，在果園產季時也開放給遊客採果。

★英仕山莊
地址：宜蘭縣大同鄉英士村梵梵巷10-10號
電話：03-980-1701
設施：小木屋、餐廳與冷熱泉SPA
　　　（預定93年6月全新完工）

★牛鬥虹鱒休閒農莊
地址：宜蘭縣三星鄉員山村泰雅一路牛頭520號
電話：03-989-4566.989-4599
設施：住宿套房、烤肉、會議廳、交誼廳、觀光果
　　　園、養鱒場

★味珍香肉店
地址：宜蘭縣三星鄉天山村福山街88號
電話：03-989-2960

旅遊資訊
★棲蘭森林遊樂區
地址：宜蘭縣大同鄉棲蘭路太平村1號
電話：03-980-9606
網址：www.shineyou.com.tw/chilan/

★宜蘭民宿網
網址：house.ilantravel.com.tw

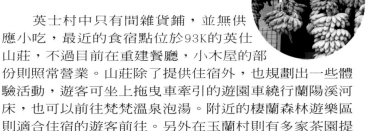
▲ 牛鬥虹鱒休閒農莊　　▲ 英仕山莊拖曳車

文山溫泉

隸屬於太魯閣國家公園的文山溫泉，
有著壯麗的峽谷景觀，坐在溫泉池中仰望天空，
發現時光在這裡停留了！

來去文山溫泉

☆大眾級野溪溫泉

位置：花蓮縣秀林鄉

泉質：碳酸氫鈉泉

溫度：約40℃～50℃

療效：皮膚病

地質：變質岩

水系：立霧溪

步行時間：15～20分鐘

設施：人工溫泉池3座、臨時更
　　　衣室2間

　　　　太魯閣峽谷的美一直深受國際人士的讚賞，位於大沙溪谷的文山溫泉，無疑是錦上添花，讓太魯閣國家公園更增添吸引力！最早的文山溫泉，只有源頭一池較完整，溪邊的池子早已被大水沖不見，只靠自然的地形圍成小空間，每到假日人滿為患，玩的比泡的多，岩壁上的階梯也十分的溼滑陡峭，遊客必須步步為營。

　　　　年前，國家公園斥資整建溫泉，從步道開始到溫泉鋪上木頭棧道，解決了行路溼滑的困擾，一路靠著山崖往下。位於步道的中間，目前正進行公廁與更衣室的工程，已接近完工，不久將能解決遊客更衣如廁的問題，從步道上頭可觀看溫泉全貌，連結兩邊的吊橋是重要通道，從這裡可無礙的欣賞整個峽谷景觀，目前在吊橋頭設有臨時更

衣室，地方狹小只容許兩間讓人更衣，接下來的階梯窄小坡陡，要一路握著扶手往下，不過比以前好太多了。

下到溫泉處，左側的溫泉池明顯的呈現乳白色，右邊的溫泉池則無色清澈見底，兩個溫泉池都還滿大的，乳白色的溫泉池溫度比右邊高，也是泡湯人最喜愛的一池，因為再往左去，就是原本的源頭，溫

度居高不下，很少人能耐得住坐在裡頭浸泡數分鐘之久，中間這池原設有木製平台，上次杜鵑颱風沖壞了一些設施，為此國家公園花了很大工夫才把溫泉裡的砂石清理乾淨，不過少了木頭平台，浸泡的空間更多了！從源頭開鑿出的排水孔，水量豐沛，不少遊客跑到下面做個SPA，至於最右邊的溫泉池，混入山壁流出的冷泉，溫度較低，很適合小朋友在裡頭玩耍，這樣的規劃頗受遊客的好評。

坐在池中，仰頭觀看天空，發現這裡的景致很美，沒有一處溫泉能有如此情境！常常有人特別選擇夜間前來泡湯，欣賞夜空中閃爍的星斗，因此夜裡的文山溫泉也很熱鬧，要注意步道沿線目前並無路燈，請記得攜帶手電筒，不然摸黑走路太危險了！

來到這裡什麼都好！唯一讓人哀號的就是回程爬階梯，國家公園特別在階梯上標註三國語言，為遊客打氣加油！多少將注意力分散到別處。

◎注意事項

* 溫泉步道上仍持續公廁、更衣室、步道燈、護欄等整建工程，行走其間注意安全。

* 新春期間依照常例將管制車輛進出太魯閣國家公園，請注意公告細節，可上網查詢。

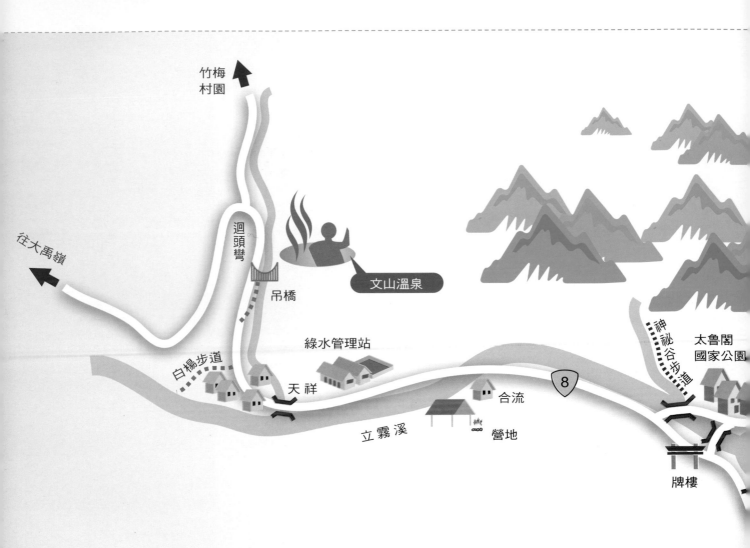

竹梅
村園

往大禹嶺

迴頭彎

吊橋

文山溫泉

綠水管理站

白楊步道

天祥

立霧溪

合流

營地

神祕谷步道

太魯閣
國家公園

8

牌樓

往蘇澳

9

橋

太平洋

 怎麼去

花蓮 → 東西橫貫公路牌樓 → 天祥
→ 文山停車處 → 泰山隧道旁步道
1 → 下坡階梯**2** → 吊橋**3** →
文山溫泉

開車族：
由省道台9線接中橫公路台8線，經天
祥約過2.5公里停車，於泰山隧道旁
步道步行下坡，過吊橋後再往下20公
尺即抵溫泉。

搭車族：
可於花蓮火車站搭花蓮客運（03-
832-2065）往梨山，於文山站牌下車
後步行至泰山隧道，後續請參照上
述。

順道一遊

鬼斧神工的太魯閣國家公園

　　位於中橫公路東段線上的太魯閣，有著舉世讚嘆不已的峽谷奇景，這個由地殼造山運動隆起的變質岩加上溪流不斷切割，形成太魯閣峽谷，是大自然給予寶島最佳的寶藏，為維護這裡的自然資源，政府規劃成太魯閣國家公園。

　　踏進太魯閣，即被群山環抱，看到的盡是奇岩峻豁的美景，無不稱奇大自然的力量，也為前人造路的奇蹟所撼動，國家公園為了讓遊客可以深入認識太魯閣，體驗太魯閣的美，特別規劃出多條自導式步道，遊客只須具備兩條腿就能輕鬆的悠遊其間。

　　幾條步道中，以神祕谷步道最能親近溪谷，貫穿山谷的砂卡礑溪，以湛藍的溪水迷倒眾人，岩壁中開鑿出的步道也很特別。夏季時分，不少遊客下到溪中戲水，掬一把清水消去暑意，而河岸岩壁上的大理石紋，令人嘖嘖稱奇，是個老少閒宜的路程；到燕子口可觀賞到岩壁上的壺穴，了解立霧溪的下切力量造成的奇景；此外九曲洞可讓遊客走一段早期建造的峽谷公路，體驗前人造路的艱辛；還有白楊步道、綠水合流步道、豁然亭步道等，不一樣的景致，不同的行徑，遊客可選擇幾條路線，感受不同的風情。

　　想要最貼近太魯閣，莫過於以露營的方式停留，國家公園在合流設置了露營區，舒適寬敞的露營地，花木扶疏，深受喜愛露營的遊客青睞，每到假日，一位難求，附近的綠水合流步道，也能讓露營的人就近走一趟生態之旅，如果沒試過這樣方式的遊客，不妨試一試，一定會喜歡上露營的感受。

▲ 柴魚製成的各種食品

海天一色的七星潭

　　來到花蓮總不忘到七星潭，看看湛藍的海洋，漫步沙灘上，東海岸的美在於空氣總是那麼的潔淨，所有的事物都非常的鮮明，讓人流連忘返。

　　沿著七星潭海灣，縣政府規劃出一條自行車道，最南可延伸至南濱公園，是條非常受歡迎的旅遊路線，乘著風騎乘在海邊，隨時都能停住腳步，仔細品味沿途的美景；位於南側的原野牧場，以精製的羊乳、奶茶、羊奶咖啡與點心聞名，遊客除了享用餐飲外，也可悠閒的欣賞美麗的海岸風光。

重現風華的七星柴魚

　　七星潭另一項特色與漁業有關，七星潭的外海洋流有黑潮流經，使得魚群聚集此處，形成天然的漁場，因此漁民在海灣附近設置了幾處定置魚網，漁獲豐富，早期因地利之便這裡興起柴魚加工廠，生產的柴魚乾產品質穩定優良，常吸引日本商人來此選購，由於大環境的改變，柴魚工廠逐漸沒落走入歷史。

　　2003年，七星柴魚工廠在有心人士的奔走下，成立「七星柴魚博物館」以全新的風貌展現在大眾面前，除了讓遊客了解到柴魚製作過程與生產環境外，也提供短暫休憩的飲食空間，最特別的是柴魚博物館利用原有的柴魚工廠建築，規劃出博物館的空間，極具特色，也十分有趣，來到七星潭不妨空出時間參觀這個深具文化特色的博物館。

周邊食宿

　　距離文山溫泉最近的住宿點，以天祥的機能性最佳，小小的街道上，有商店、郵局、遊客中心、派出所、公車站、停車場，非常方便。最早有天祥青年活動中心，之後晶華渡假酒店進駐，讓這裡的選擇性更多元化，前者是年輕學子的最愛，後者適合想住得舒適服務完善的遊客，都有供應餐點。每到初春時，停車場旁的梅園，梅花綻放，淡淡的花香撲鼻而來，更增添了此地的氣氛。原本車站的商店街傳統小吃林立，不過近年來遊客的飲食文化改變極大，因此小吃店只剩幾家，在吃食上能選擇的就更少了。在綠水管理站旁有處綠水露天咖啡座供應簡餐飲料，由於氣氛不錯，景觀也不賴，加上24小時營業，吸引不少人前來。

　　另外，位於東西橫貫公路牌樓附近，興起幾家民宿，外觀造型異於傳統的房舍，環境舒適，價格也比大飯店便宜，亦是不錯的選擇。而位於新城鄉慈濟精舍附近有間國際青年之家「生活農場」，寬廣的草坪上佇立的這棟建築，不像旅店反而像鄉村農莊，寧靜幽雅的環境，十分受到外國人士的喜愛，生活農場採取的住宿方式，以提供床位來計算，十分經濟，對於想要長時間停留的遊客來說是非常適合的住處。

★天祥青年活動中心
地址：花蓮縣秀林鄉天祥路39號
電話：03-869-1111
設施：餐廳、住宿、會議廳
網址：www.cyh.org.tw/html/center/TS/INDEX.HTML

★天祥晶華渡假酒店
地址：花蓮縣秀林鄉天祥路18號
電話：03-869-1155
網址：www.grandformosa-taroko.com.tw

★砂卡礑民宿
地址：花蓮縣秀林鄉富世村8鄰富世141號
電話：03-861-1623

★生活農場（國際YH）
地址：花蓮縣新城鄉康樂村19-58號
電話：03-826-3672

★七星柴魚博物館
地址：花蓮縣新城鄉大漢村七星街148號
電話：03-823-6100
設施：博物館、名產中心、小吃、咖啡館／尚未使用

旅遊資訊

★太魯閣國家公園
電話：03-862-1100（管理處）（遊客中心）
網址：www.taroko.gov.tw

★救國團青年活動中心
網址：www.cyh.org.tw

★花蓮縣觀光資訊網
網址：tour-hualien.hl.gov.tw

★鐵馬家族（自行車租賃）
電話：03-836-2977
網址：www.970news.com/bike/index.php

▲ 生活農場

▲ 天祥晶華渡假酒店

▲ 生活農場

紅葉溫泉

鹿野溪上一座紅色的天橋連結了兩岸的紅葉溫泉，
北岸的溫泉處規劃成親水公園，
而南岸的溫泉地依舊保有自然原始的風貌！

來去紅葉溫泉

☆大眾級野溪溫泉

位置：	台東縣延平鄉
泉質：	碳酸氫鈉泉
溫度：	約45℃～60℃
療效：	筋肉酸痛
地質：	變質岩
水系：	鹿野溪＞卑南溪
步行時間：	5～10分鐘
設施：	無

最早的紅葉溫泉須從紅葉部落通抵，新近完工的道路讓紅葉溫泉不再路途遙遙，從台9線公路過鹿鳴橋向西，不久看見鮮明的紅色拱橋，紅葉橋跨越了鹿野溪兩岸拉近了鄉鎮間的距離。

由於紅葉村每到秋天，山邊的綠林轉為楓紅，因而得到紅葉的美名，目前位於北岸的溫泉已開發成為親水公園，由布農族經營管理，而位於南岸的溫泉仍保留自然原始的風貌，許多懷念野溪溫泉的遊客，仍鍾情於此處，因此也廣受歡迎。

前往紅葉野溪溫泉，可由紅葉橋與布農紅葉溫泉間彎路旁的階梯往下走，在行經紅色天橋時，前後兩邊的山谷景觀清晰可見，到達對岸須往山邊沿著岩石下切至河床，這段路程因為消波塊的放置上上下下，行走其間，要注意落差縫隙，越過此處就是平坦的沙地了，一些被遊客挖出的溫泉池散布在河床上，此時瞧見有人迫不及待就脫鞋

先泡泡腳，過癮一下。

　　紅葉溫泉不時的從地底冒出，因此遊客只要帶著鏟子往沙地一挖，就能挖出一池溫泉，但是深灰色的沙子常讓溫泉混濁，就有人想辦法在池底放上幾塊石板，如此稍稍抑制泥沙翻起，也是很不錯的主意，民眾不妨學起來，下次碰上這種狀況就多花點精力弄舒適點。另外位於上下游間的河床，有時也能看見遊客在溪邊的岩壁峽谷下方泡

湯，原來兩邊的河岸處處有溫泉頭，不過在水量豐沛的季節時，溪水淹沒溫泉，也就不易找著，涉溪也容易發生危險，還是要詳加考慮。

　　對岸的親水公園「布農紅葉溫泉」，原是原住民保留地，經國家徵收開發觀光資源，再讓原住民取得經營權，是一項創舉，對原住民來說深具意義。園區中除了各項泡湯設施外，也規劃出周邊相關事業，供應餐飲的咖啡屋、原味屋，在露天的平台上，一邊享用咖啡與風味餐、小吃，一邊欣賞四周的山谷風光，假日時還有現場原住民演唱，很有渡假氣氛，位於上方的露營區，稱得上是五星級的露營地，以木製平台架高營台，有些還搭建斜頂，並附有野炊料理台、烤肉區等，十分周到，對於想在紅葉溫泉渡假的人來說，這是最適合不過的住處了！

◎注意事項

＊紅葉野溪溫泉常被溪水掩沒，遊客須自備鏟子挖掘。

＊進入布農紅葉溫泉須購票入場，不限泡湯次數，露營場地費另計，並享有第2天入園免費的優惠。

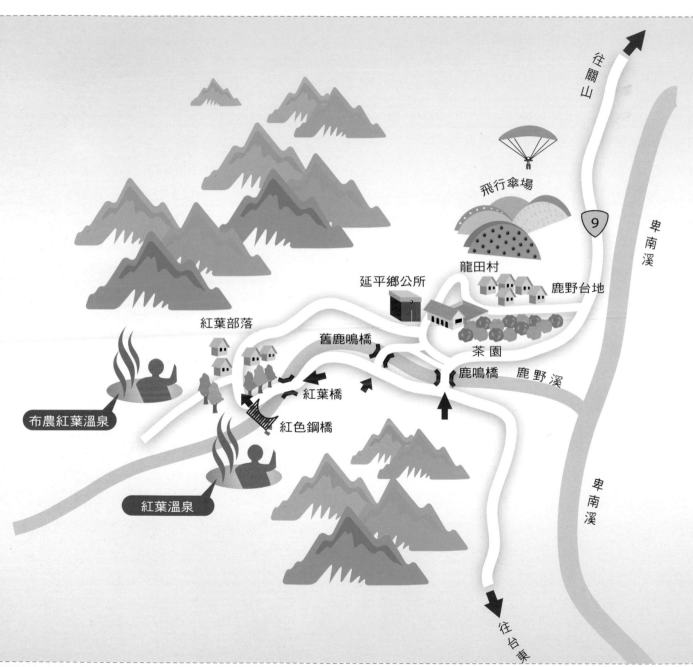

往關山

卑南溪

9

飛行傘場

龍田村

鹿野台地

延平鄉公所

紅葉部落

舊鹿鳴橋

茶園

鹿鳴橋

鹿野溪

布農紅葉溫泉

紅葉橋

紅色鋼橋

紅葉溫泉

卑南溪

往台東

![bus icon] # 怎麼去

花蓮 → 台9線（花東縱谷）→ 鹿野 → 鹿鳴橋 → 右轉往紅葉村 → 紅葉橋  → 200公尺處停車 → 階梯 →紅色天橋  → 消波塊  → 紅葉溫泉

開車族：
北部走花東縱谷往南方向，過鹿鳴橋後右轉產業道路，經紅葉橋往前約200公尺處停車，循階梯往下過行人天橋至河床即達。

搭車族：
可於台東車站搭乘鼎東客運（089-328-269）池上、利稻線，於四維站或鹿野站下車，再轉搭計程車，後續請參照上述。

林田山 ▲

馬太鞍生態區 ▲

赤科山 ▲

順道一遊

花東縱谷好風光

　　前往紅葉溫泉，若從花蓮往南，一路行經花東縱谷至目的，沿途不少景點可供停留遊憩，一年四季皆有不同的盛會讓遊客參與。

　　位於萬榮鄉的林田山，曾有小上海與小九份之稱，原是台灣重要林場之一，村中仍保留日式辦公廳、餐廳、禮堂、救護站等，全都以木材建造，可說是台灣現今保存最完整的伐木基地，可惜前年的一場火災將山坡上的宿舍燒毀，讓這個村落缺了一角，最近林田山已將禮堂依原貌重整，作為展覽活動中心，也將一段鐵路修復，讓遊客想像出當年運送木材的實況。

　　到了光復鄉，幾乎沒有遊客不去光復糖廠參觀，遠近馳名的冰品不含人工香料、多達30餘種，材料實在價格平實，難怪人手一枝冰，坐在池旁享受清涼的滋味。另外，位於馬路另一頭的馬太鞍部落，保留阿美族傳統漁耕文化，部落裡的沼澤地，除了養殖漁群，目前廣植荷花田，一到夏日荷花翩翩，可租台自行車，騎乘在荷花田中，欣賞田園的景致。

　　盛夏的另一場饗宴，當屬海岸山脈栽植的金針花。位於玉里的赤科山與富里的六十石山，皆是花蓮縣金針花的重要產地，黃橙橙的金針花海提供許多廣告拍攝的場景，也吸引眾多遊客特地上山賞花，滿山的金針花與藍天相輝映，頗像來到日本北海道。此外當地以金針花設計出一道道的金針餐，風味絕佳，可嘗試看看。

　　以福鹿茶聞名的鹿野，為台地地形遍植茶園，所產的福鹿茶清香甘醇，近年來一些茶莊轉型為觀光茶園，除了提供住宿外也推出茶餐以饗大眾。位於北側的高台設有一座飛行場，由於落差高度150公尺，成為最佳的飛行傘基地，天候好時，天空一個個五顏六色的飛行傘乘風而行，即使沒受過訓練的遊客也可以跟教練體驗遨遊天際的感覺。

▲ 赤科山

▲ 鹿野台地風光

★布農紅葉溫泉
地址：台東縣延平鄉紅葉村紅谷路120號
電話：089-561-311.561-277
設施：溫泉SPA、露營場、餐飲
網址：www.bunun.org.tw

★布農部落
地址：台東縣延平鄉桃源村11鄰191號
電話：089-561-211

★紫熹花園山莊
地址：台東縣鹿野鄉龍田村南二路608號
電話：089-550-617

★連記茶莊民宿
地址：台東縣鹿野鄉永安村高台路100號
電話：089-551-117

周邊食宿

　　紅葉溫泉離主要幹道台9線不會很遠，因此前往附近各大鄉鎮都很便利，鄰近民宿以鹿野鄉的觀光發展條件較好，有多處渡假中心與民宿提供住宿與餐飲服務，大多位處於茶園之中，四周遼闊，山丘上的茶園一畦又一畦，又可順遊鹿野台地的風光，是個不錯的住宿點。

▲ 光復糖廠日式宿舍

▲ 紫熹花園山莊

▲ 池上便當

旅遊資訊
★花東縱谷國家風景區
網址：www.tbrochtb.gov.tw

★花蓮觀光糖廠
網址：www.hualiensugar.com.tw

大都會文化事業圖書目錄

直接向本公司訂購任一書籍，一律八折優待（特價品不再打折）

人物誌系列

98001	皇室的傲慢與偏見	360元
98002	現代灰姑娘	199元
98003	黛安娜傳	360元
98004	Diana最後的一場約會	360元
98005	船上的365天	360元
98006	優雅與狂野—威廉王子	260元
98007	走出城堡的王子	160元
98008	殞逝的英格蘭玫瑰	260元
98009	漫談金庸	260元
98010	貝克漢&維多利亞	280元
98011	瑪丹娜—流行天后的真實畫像	280元
98012	紅塵歲月—三毛的生命戀歌	250元
98013	從石油田到白宮—小布希的崛起之路	280元
98014	風華再現-金庸傳	260元
98015	俠骨柔情—古龍的今生今世	250元
98016	她從海上來—張愛玲愛情傳奇	250元
98017	幸運的孩子—布希王朝的真實故事	250元
98018	從間諜到總統—普丁傳奇	250元
98019	黛安娜傳	360元
98020	脫下斗篷的哈利－丹尼爾·雷德克里夫	220元

生活大師系列

Master001	遠離過敏—打造健康的居家環境	280元
Master002	這樣泡澡最健康—舒壓·排毒·瘦身三部曲	220元
Master003	兩岸用語快譯通	220元
Master004	台灣珍奇廟：發財開運祈福路	280元
Master005	魅力野溪溫泉大發見	260元
Master006	寵愛你的肌膚：從手工香皂開始	260元
Master007	舞動燭光：手工蠟燭的綺麗世界	280元
Master008	空間也需要好味道：打造天然香氛的68個妙招	260元
Master009	雞尾酒的微醺世界：調出你的私房Lounge Bar風情	250元
Master010	野外泡湯趣：魅力野溪溫泉大發見	260元

SUCCESS系列

SUCCESS001	七大狂銷戰略	220元
SUCCESS002	打造一整年的好業績	200元
SUCCESS003	超級記憶術—改變一生的學習方式	199元
SUCCESS004	管理的鋼盔—商戰存活與突圍的25個必勝錦囊	200元
SUCCESS005	搞什行銷？—152個商戰關鍵報告	220元
SUCCESS006	精明人聰明人明白人—態度決定你的成敗	200元
SUCCESS007	人脈＝錢脈—改變一生的人際關係經營術	180元
SUCCESS008	週一清晨的領導課	160元
SUCCESS009	搶救貧窮大作戰的48條絕對法則	220元
SUCCESS010	搜精·搜驚·搜金：從Google的致富傳奇中，你學到了什麼？	199元

都會健康館系列

Health001	秋養生：二十四節氣養生經	220元
Health002	春養生：二十四節氣養生經	220元
Health003	夏養生：二十四節氣養生經	220元

親子教養系列

CS001	爸爸媽媽不在家時	199元
CS002	上學和放學途中	199元
CS003	獨自出門	199元
CS004	急救方法	199元
CS005	急救方法/危機處理備忘錄	199元
CS006	這時候你該怎麼辦（合訂本）	299元
CS007	我家小孩愛看書—Happy學習Easy Go	220元

心靈特區系列

Growth001	每一片刻都是重生	220元
Growth002	給大腦洗個澡	220元
Growth003	成功方與圓－改變一生的處世智慧	220元
Growth004	轉個彎路更寬	199元
Growth005	【成長三部曲-首部曲】課本上學不到的 33條人生經驗	149元
Growth006	【成長三部曲－二部曲】絕對管用的38 條職場致勝法則	149元
Growth007	【成長三部曲－三部曲】從窮人進化到 富人的29條處事智慧	149元

發現大師系列

GB001	印象花園－梵谷	160元
GB002	印象花園－莫內	160元
GB003	印象花園－高更	160元
GB004	印象花園－竇加	160元
GB005	印象花園－雷諾瓦	160元
GB006	印象花園－大衛	160元
GB007	印象花園－畢卡索	160元
GB008	印象花園－達文西	160元
GB009	印象花園－米開朗基羅	160元
GB010	印象花園－拉斐爾	160元
GB011	印象花園－林布蘭特	160元
GB012	印象花園－米勒	160元

Holiday系列

GB013	情有獨鍾	149元

度小月系列

Money001	路邊攤賺大錢【搶錢篇】	280元
Money002	路邊攤賺大錢【奇蹟篇】	280元

Money003	路邊攤賺大錢【致富篇】	280元
Money004	路邊攤賺大錢【飾品配件篇】	280元
Money005	路邊攤賺大錢【清涼美食篇】	280元
Money006	路邊攤賺大錢【異國風味篇】	280元
Money007	路邊攤賺大錢【元氣早餐篇】	280元
Money008	路邊攤賺大錢【養生進補篇】	280元
Money009	路邊攤賺大錢【加盟篇】	280元
Money010	路邊攤賺大錢【中部搶錢篇】	280元
Money011	路邊攤賺大錢【賺翻篇】	280元

流行瘋系列

Fashion001	跟著偶像fun韓假	260元
Fashion002	女人百分百	180元
Fashion003	哈利波特魔法學院	160元
Fashion004	韓式愛美大作戰	240元
Fashion005	下一個偶像就是你	180元
Fashion006	芙蓉美人泡澡術	220元

DIY系列

DIY001	路邊攤美食DIY	220元
DIY002	嚴選台灣小吃DIY	220元
DIY003	路邊攤超人氣小吃DIY	220元
DIY004	路邊攤紅不讓美食DIY	220元
DIY005	路邊攤流行冰品DIY	220元

寵物當家系列

PETS001	Smart養狗寶典	380元

PETS002	Smart養貓寶典	380元
PETS003	貓咪玩具魔法DIY	220元
PETS004	愛犬造型魔法書	260元
PETS005	漂亮寶貝在你家—寵物流行精品DIY	220元
PETS006	我的陽光‧我的寶貝	220元
PETS007	我家有隻麝香豬—養豬完全攻略	220元

語言教材系列

NEC	NEC新觀念美語教室	220元

Choice系列

Choice001	入侵鹿耳門—2005年台灣生存保衛戰	280元
Choice002	蒲公英與我—聽我說說畫	220元
Choice003	入侵鹿耳門（新版）	199元

Forth系列

Forth001	印度流浪記—滌盡塵俗的心之旅	220元
Forth002	胡同面孔－古都北京的人文旅行地圖	280元
Forth003	尋訪失落的香格里拉	240元

工商管理系列

CM001	二十一世紀新工作浪潮	200元
CM002	文字工作者　撰錢生活轉轉彎	220元
CM003	美術工作者　設計生涯轉轉彎	200元
CM004	攝影工作者　快門生涯轉轉彎	200元
CM005	企劃工作者　動腦生涯轉轉彎	220元
CM006	電腦工作者　滑鼠生涯轉轉彎	200元

CM008	打開視窗說亮話	200元
CM009	七大狂銷戰略	220元
CM010	挑戰極限	320元
CM011	30分鐘教你　提昇溝通技巧	110元
CM012	30分鐘教你　自我腦內革命	110元
CM013	30分鐘教你　樹立優質形象	110元
CM014	30分鐘教你　錢多事少離家近	110元
CM015	30分鐘教你　創造自我價值	110元
CM016	30分鐘教你　Smart解決難題	110元
CM017	30分鐘教你　如何激勵部屬	110元
CM018	30分鐘教你　掌握優勢談判	110元
CM019	30分鐘教你　如何快速致富	110元
CM020	30分鐘行動管理百科	799元
CM021	化危機為轉機－上班族職場攻守策略	200元

精緻生活系列

EL001	另類費洛蒙	180元
EL002	女人窺心事	120元
EL003	花落	180元

CITY MALL系列

CT001	別懷疑！我就是馬克大夫	200元
CT002	就是要賴在演藝圈	180元
CT003	愛情詭話	170元
CT004	唉呀！真尷尬	200元

信用卡專用訂購單

我要購買以下書籍：

書　　名	單價	數量	合　計

總共：_____本書 _____元

（訂購金額未滿500元以上，請加掛號費50元）

信用卡號：_____

信用卡有效期限：

西元_____年_____月

信用卡持有人簽名：

_____

（簽名請與信用卡上同）

信用卡別：

☐VISA ☐Master ☐JCB ☐聯合信用卡

姓名：_____

性別：_____

出生年月日：_____年_____月_____日

職業：_____

電話：

（H）_____ （O）_____

傳真：_____

寄書地址：☐☐☐

_____

e-mail：_____

國家圖書館出版品預行編目資料

野外泡湯趣 ： 魅力野溪溫泉大發見 / 李麗文撰
文攝影. — 初版. — 臺北市 ： 大都會文化，
2005[民94]
　　面 ；　公分

ISBN 986-7651-44-8(平裝)

1. 溫泉 – 描述與遊記 2. 臺灣 – 描述與遊記

673.26　　　　　　　94010460

First published in Taiwan in 2004 by Metropolitan
Culture Enterprise Co., Ltd. 4F-9, Double Hero Bldg,
432, Keelung Rd., Sec. 1, TAIPEI 110, TAIWAN
Tel:+886-2-2723-5216 Fax:+886-2-2723-5220
E-mail: metro@ms21.hinet.net
Website: www.metrobook.com.tw

野外泡湯趣—魅力野溪溫泉大發見

作者、攝影：李麗文

發 行 人：林敬彬
主　　編：張毓如
封面設計：林敏煌
美術設計：廖建興

出版：大都會文化 行政院新聞局北市業字第89號
發行：大都會文化事業有限公司
　　　110 台北市基隆路一段432號4樓之9
讀者服務專線：（02）2723-5216
讀者服務傳真：（02）2723-5220
電子郵件信箱：metro@ms21.hinet.net
郵政劃撥：14050529　大都會文化事業有限公司
出版日期：2005年10月改版一刷
定價： 260元
ISBN ：986-7651-44-8
書號：Master-010

大都會文化
METROPOLITAN CULTURE

魅力野溪溫泉大發見

北 區 郵 政 管 理 局
登記證北台字第9125號
免 貼 郵 票

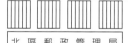

大都會文化事業有限公司
讀者服務部收

110 台北市基隆路一段432號4樓之9

大都會文化 **大都會文化 讀者服務卡**

書號：Master-010　書名：野外泡湯趣─魅力野溪溫泉大發見

謝謝您購買本書，也歡迎您加入我們的會員，請上大都會文化網站www.metrobook.com.tw登錄您的資料，您將會不定期收到最新圖書優惠資訊及電子報。

A. 您在何時購得本書：_____年_____月_____日

B. 您在何處購得本書：_____書店，位於_____(市、縣)

C. 您購買本書的動機：（可複選）1.□對主題或內容感興趣 2.□工作需要 3.□生活需要 4.□自我進修 5.□內容為流行熱門話題

　　6.□其他_____

D. 您最喜歡本書的：（可複選）1.□內容題材 2.□字體大小 3.□翻譯文筆 4.□封面 5.□編排方式 6.□其他_____

E. 您認為本書的封面：1.□非常出色 2.□普通 3.□毫不起眼 4.□其他_____

F. 您認為本書的編排：1.□非常出色 2.□普通 3.□毫不起眼 4.□其他_____

G. 您希望我們出版哪類書籍：（可複選）1.□旅遊 2.□流行文化 3.□生活休閒 4.□美容保養 5.□散文小品 6.□科學新知

　　7.□藝術音樂 8.□致富理財 9.□工商企管 10.□科幻推理 11.□史哲類 12.□勵志傳記 13.□電影小說

　　14.□語言學習（___ 語）15.□幽默諧趣 16.□其他_____

H.您對本書(系)的建議：_____

I.您對本出版社的建議：_____

讀 者 小 檔 案

姓名：_____　　　性別：□男 □女　　生日：_____年_____月_____日

年齡：□20歲以下 □21～30歲 □31～40歲 □41～50歲 □51歲以上

職業：1.□學生 2.□軍公教 3.□大眾傳播 4.□服務業 5.□金融業 6.□製造業 7.□資訊業 8.□自由業 9.□家管 10.□退休

　　11.□其他_____

學歷：□ 國小或以下 □ 國中 □ 高中／高職 □ 大學／大專 □ 研究所以上

通訊地址：_____

電話：（H）_____　（O）_____　傳真：_____

行動電話：_____　E-Mail：_____

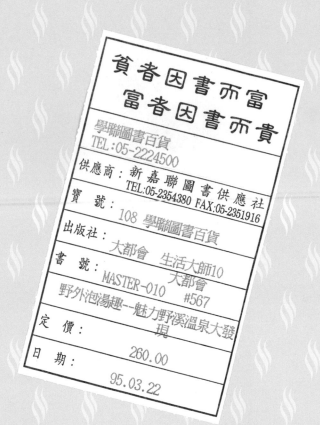